国家社会科学基金项目（15BJY133）研究成果
西南财经大学 2020 年度中央高校基本科研业务费专著出版资助项目

政府间税收划分与地方税收体系研究

李建军　刘元生　吕　敏　著

中国财经出版传媒集团
中国财政经济出版社

图书在版编目（CIP）数据

政府间税收划分与地方税收体系研究 / 李建军，刘元生，吕敏著．-- 北京：中国财政经济出版社，2020.7

ISBN 978-7-5095-9888-7

Ⅰ.①政…　Ⅱ.①李… ②刘… ③吕…　Ⅲ.①地方税收－税收体系－研究－中国　Ⅳ.①F812.7

中国版本图书馆 CIP 数据核字（2020）第 117976 号

责任编辑：胡　博　　　　责任印制：刘春年
封面设计：孙俪铭　　　　责任校对：胡永立

中国财政经济出版社 出版

URL：http：//www.cfeph.cn
E-mail：cfeph@cfemg.cn

社址：北京市海淀区阜成路甲 28 号　邮政编码：100142
营销中心电话：010-88191537
北京财经印刷厂印装　各地新华书店经销
710×1000 毫米　16 开　10.25 印张　155 000 字
2020 年 7 月第 1 版　2020 年 7 月北京第 1 次印刷
定价：48.00 元
ISBN 978-7-5095-9888-7
（图书出现印装问题，本社负责调换）
本社质量投诉电话：010-88190744
打击盗版举报热线：010-88191661　QQ：2242791300

前　言

财政是国家治理的基础和重要支柱。为更好发挥中央与地方政府在提供公共服务、促进经济社会发展上的优势和作用，以增进社会共同利益，在具有多级政府的国家治理中，各国通常实行不同形式的财政分权体制。政府间税收划分是财政分权的重要维度，实行分税制、建立地方税体系也是市场经济下大国治理的重要特征和内在要求。在分权结构中，税收划分是一件很复杂的事情，它会带来关于横向与纵向不平衡的各种问题，在税收划分的过程中必须谨慎从事（拉本德拉·贾，2017）。

1994 年分税制改革，构建了适应中国国情、具有里程碑意义的政府间税收划分框架。这一改革对于推动我国经济、政治、社会的长期稳定和持续发展具有基础性的支撑作用。随着时间的推移、经济社会的变迁，要求政府间税收分配关系不断调整、与时俱进。2013 年 11 月，党的十八届三中全会提出："深化税收制度改革，完善地方税体系。"党的十九大报告指出："深化税收制度改革，健全地方税体系"，"建立权责清晰、财力协调、区域均衡的中央和地方财政关系"。2019 年 10 月，党的十九届四中全会进一步强调："优化政府间事权和财权划分，建立权责清晰、财力协调、区域均衡的中央和地方财政关系。"改革中央和地方税收划分体制、构建地方税收体系，已成为我国全面深化改革及财税体制改革中的关键内容和重要命题。本书回应这一改革需要，以政府间税收划分和地方税体系建设为主题，展开理论、实证与对策研究。

政府间税收划分和地方税收体系研究是一个庞大的系统工程，作为一项研究，不可能也不必要面面俱到，应有所取舍和侧重。本书共包括八章：第一章简要阐述政府间税收划分的理论逻辑。第二章，利用税收背离和边际受益归宿技术方法，测度了现行政府间税收划分制度下，税收实际归属在省际、地市间的受益分布情况，揭示出现行征缴地征得税收就地划分的征管分配模式所导致的横向税收分配的受益不公，政府间税收划分制度设计应充分考虑不同划分方式下的地区间税收受益状况。第三章研究政府间税收划分对地方财可持续的影响。研究显示：我国地方财政呈现出弱可持续性；税收分权显著增强了地方财政可持续性，企业所得税和个人所得税分权会显著增强地方财政持续性，增值税分权对地方财政可持续性影响不显著。因此，政府间税收划分中应考虑不同税种对地方政府的激励。第四章主要研究所得税的政府间税收划分问题。研究发现：从理论、世界所得税划分实践、税收能力和地区分布来看，我国的所得税划分应坚持将企业所得税和个人所得税作为共享税，并逐步提升省及以下地方政府所得税分享比例。第五章主要测算增值税的收入能力及在政府间的划分。研究认为：增值税的划分应考虑其受益结构和对地方政府的激励。在近期，继续将增值税作为共享税，并基于消费地原则和均等化原则，按照地区消费、人口等因素对全国征得增值税的地方分享部分在地区间进行分配；在远期，可将增值税作为中央税。第六章研究消费税零售环节征收改革及税收划分。分析认为：消费税零售环节征收并作为地方税具有合理性；数量测算发现，零售环节征收后，消费税在省际分布变得比较均衡，零售环节消费税具有作为地方税的现实可行性。第七章研究房地产税改革及作为地方税主体税种的可行性，讨论分析了房地产税征收的法理依据、功能定位、课税范围与税基选择、减免扣除、税率和征管权配置等。对三种房地产税征收方案的预计收入水平测算发现，在全国总量上房地产税具有成为县级地方政府主体税种的潜力，但房地产税税基在县域之间分布极不均衡，在短期内房地产税还难以成为各区县级地方政府的主体税种，房地产税改革要着眼长远，采取“小步慢走、渐进推进”的策略。第八章探究美国地方政府的支出责任和地方税收实践及启示。

本书是在笔者主持的国家哲学社会科学基金项目“基于地方政府基本支出责任与税收能力的地方税收体系构建研究”（项目编号：15BJY133）最终成果基础上修改完善而来，本书的出版得到西南财经大学2020年度中央高校基本科研业务费专著出版资助项目和西南财经大学财税学院出版资助的支持。在研究中，张伦伦、王文甫、陈隆近、梁远川、杨天乐、章孟迪、徐菲、余秋莹、范源源、屈丁林、王鑫、张伟、蒋海英、王瑞祥等为课题开展和推进提供了协助和支撑。西南财经大学刘蓉教授、杨良松副教授对课题研究和图书出版工作给予了关心和帮助。在此，我们致以诚挚的谢意。特别需要说明的是，尽管本书得到了多方的帮助和支持，笔者也努力做得更好，但书中仍可能有不足之处，其文责都由笔者本人负责。

本书是笔者近年关于政府间税收划分和地方税收体系建设问题思考研究的成果，希望本书的出版对于今后政府间税收划分、地方税体系的研究和改革实践有所裨益。

目　录

第一章

导　论

一、研究背景

实行分税制、建立地方税体系是市场经济下大国治理的重要特征。1994年分税制改革以来，完善政府间税收划分及地方税体系建设一直是我国税收制度改革的重要命题。长期以来，地方税收体系建设相对滞后，加之1994年分税制改革及其后的中央和地方支出责任和税收划分调整，基本上都是财政事权及支出责任下移、税收收入上移，导致地方财政收入严重依赖上级政府的转移支付、债务、土地出让金等收入，而转移支付降低了地方政府的财政努力（乔宝云等，2006；胡祖铨等，2014），使地方财政支出膨胀（刘怡和刘维刚，2012）。地方政府有各种形式的债务融资，在预算软约束、债务市场不完善、举债行为不规范等多重作用下，我国地方政府债务存在着潜在风险，且债务风险和金融风险正向关联（刘蓉和黄洪，2012；吴俊培和李淼焱，2013）。地方政府对土地出让收入有比较高的依存度，由此形成的土地财政存在着可持续问题，依靠土地和房产投资的经济发展模式衍生出了一系列经济社会问题（陈志勇和陈莉莉，2010；卢洪友等，2011）。党的十八届三中全会的《决定》提出："深化税收制度改革，完善地方税体系。"党的十九大报告指出："深化税收制度改革，健全地方税体系"，"建立权责清晰、财力协调、区域均衡的中央和地方财政关系"。2019年10月，党的十九届四中全会的《决定》进一步强调："优化政府间事权和财权划分，建立权责清晰、财力协调、区域均衡的中央和地方财政关系。”改革中央和地方税收划分关系，构建地方税收体系已成为我国全面深化改革及进行财税体制改革的关键内容和迫切命题。

本书立足于中国现实，放眼于世界税收划分和地方税收实践，从税收能力、税收特征属性及其激励效应出发，研究政府间税收划分和地方税收体系建设，为地方税收体系建设提供依据和经验支持。

二、文献简要回顾

政府间税收划分与地方税收是世界公共经济学研究的基本理论和政策问题，也是近年来我国财税学界研究的热点问题。经典财政分权理论认为，地方政府具有信息优势（Hayek，1954），能够对居民需求和偏好更好地回应，具有问责性（Oates，1973），自主、稳定的地方税收入是地方政府职能实现和财政分权有效的保障。蒂布特经典的“以足投票”理论（Tiebout，1956）认为，若各地方分别提供公共服务和征税，居民可以根据自己的偏好自由选择居住地，享受地方提供的公共服务，并负担作为公共服务成本的税收，可以提高公共服务供给的有效性和居民效用的满足程度。这一理论成为实施分税制和建立地方税的基本依据。按照财权与事权相匹配原则，地方政府需得有较强的财力去支撑其履行支出责任；相比于中央政府补贴，地方政府应更高比例地依赖税收收入特别是地方专享税收入，以增强地方政府及财政支出的可问责性（Bahl，2013）。因此构建地方税收体系、设置地方税显得十分必要。关于地方税的选择，Musgrave（1983）在其经典论文中提出多级政府分税的七原则：一是有利于稳定宏观经济的税收应划归中央政府，周期性稳定、收入起伏不大的税收应划归地方政府；二是具有累进性、以收入再分配为目标的税收应划归中央政府；三是对劳动、资本和技术等流动性生产要素课征的税收最好划归中央政府；四是对土地、房产等流动性较差的生产要素课征的税收最好划归级次比较低的政府；五是将税基在地区间分布不均的税种划归中央政府；六是将依附于居住地的税收（如零售环节征收的销售税和消费税）划归地方政府；七是受益性税收及使用者收费适用于各级政府。

King 和 Fullerton（1984）提出地方政府征税的“三不原则”：不宜对税基流动性过大的税种征收；地方征税不应使得本地税负转移给本辖区之外的居民；地方不宜征收本地居民不易察觉到的税种，应增强地方税制的透明度。Broadway 等（1994）对发展中国家分税制提出六点建议：所得税是关系全社会的收入，应归中央；影响生产要素资源配置的相关税种如资本税、财产转移税，应归中央；资源税由中央与地方分享，战略性资源税归中央，非战略性资源税归地方；具有非流动性的不动产税归地方；具有收益性的税种由中央与地方分享；多环节征收的增值税归中央，单环节征收的销售税等归地方。Oates（1993）从受益角度提出地方政府应依靠对流动经济要素征收的受益税；出于再分配考虑对流动性经济要素征收非受益税，应由级次较高的政府征收；地方政府应对流动性相对较弱的税基征收非受益税。Ter – Minassian（1997）基于前人观点概括出地方税征收的三项标准：一是对流动性相对较弱的税基课税；二是税基分布较为均匀；三是税收收入相对稳定。为使地方支出更好与居民偏好相一致，地方税收收入要求达到有效履行其配置职能的边界（McLure，1998）；地方政府应更高比例依赖地方税收入，以建立和增强地方支出的可问责性（Rodden，2002）；基于最优税收理论，在各地方政府间，地方各税收及其他收入等公共资金的边际成本应相等（Smart，1998；Dahlby，2001）。Martinez – Vazuez 和 Sepúlveda（2012）建立一般化地方财政收入分配模型，对地方收入规模、自有税收比例和税收构成进行了理论分析。另外，还有一些文献对国外中央与地方分税、地方税实践情况进行总结（Shah，1994；Blöchliger & Rabesona，2009；Martinez – Vazquez，2015）。

国内现有相关研究主要集中在四个方面：一是我国地方税体系的现状和问题、地方税体系的建设及主体税种选择的政策设计；二是地方税体系的国际经验借鉴；三是对地方税及地方税划分内涵、原则的理论分析；四是对分税制及财税分权的宏观效应的研究，如对经济增长、经济效率、地方财力、公共品供给、地方政府行为等的影响。“营改增”之后，政府间税收划分及地方税成为理论和实践中的重要命题，在地方主体税种的选择上，学术界有多种看法。其一，支持将财产税及资源税作为地方主体税种（课题组，2013）。胡洪曙（2011）认为财产税与地方主体税种标准相吻合，是典型的收益税，收入稳定，合乎责任原则，能避免恶性税收竞争，透明且高效。刘蓉等（2015）基于微观调查数据对房地产税收入能力估算后发现，开征房地产税所取得的税收大约占土地财政收入的24.53%，随着城镇化的推进，全国住宅面积和单位价值的提高使房地产税能够成为地方政府可以利用的重要财源。白彦锋（2012）基于房地产开征的复杂性、评估和征管成本高、房价上涨的不可持续性和房地产税的有限性的考量，认为房产税不具备充当地方主体税种的基础。李文（2014）通过数量测算，发现房产税占地方财政收入的比重偏低，难以胜任地方主体税的角色。杨志安和郭矜（2014）认为自然资源主要集中在一定区域范围内，适宜作为地方税，同时将资源税作为地方税还有助于将中西部的资源优势转化为财政优势和经济优势，促进区域间协调发展。张伦伦和钟毅（2015）认为资源税从价计征以及今后将更多资源纳入征税范围，资源税在地方税中的地位会不断提升，此外，资源税收入的增长可以在一定范围内弥补“营改增”对地方财力的弱化，考虑到资源税收入主要分布在经济欠发达地区，资源税还有助于政府间财力配置的横向均衡。杨志勇（2016）认为资源税主要为地方税，从价计征使资源税的收入功能增强，也增加了资源丰富地区的地方政府的可支配财力，并主张在不影响全国统一市场的情况下，赋予地方适当的税政管理权。其二，关于所得税划分，杨卫华和严敏悦（2015）通过与其他税种的比较和分析，认为从收入功能、税源分布、税收征管和经济影响来看，企业所得税应为地方主体税种。付伯颖（2014）认为，我国个人所得税应选择中央与地方共享模式，具体可以采取附加税的方式且不同地区有差异，并逐步实行税率划分法，由地方政府调整或自定税收。郭庆旺和吕冰洋（2014）提出，我国个人所得税税率和扣除相对统一对人口流动扭曲很小，调节经济和分配功能弱，从征管便利、受益性、征税激励等出发，建议将个人所得税作为省税，成为省政府的主体税种。其三，关于货物劳务税划分，朱青（2014）认为，提高增值税分享比例会干扰资源配置，企业所得税划归地方会加剧地方财政资源恶性竞争，均不适合作为地方税，因此建议将零售环节的消费税分配给地方。此外，一些研究者主张将零售环节消费税作为地方税（林颖和欧阳升，2014）；尹音频和张莹（2014）认为消费税不适合作为地方税，而应作为中央与地方共享税；还有学者主张开征零售税（郭庆旺和吕冰洋，2013）。

已有研究具有重要理论和政策价值，不足主要有：(1) 研究主要集中于地方税收体系建设的理论分析和政策设计，研究的实证依据和支撑不足；(2) 政府间税收划分及地方税收体系建设，除了考虑税收特征属性外，还需要考虑具体税种的收入能力，现有关于税收划分和地方税收的文献对税收能力关注不够；(3) 税收划分和地方税收体系建设是理论问题，更是政策和实践问题，系统了解国外地方税收体系实践，对于理论研究在实践中落地生根，更好地立足于中国大地，增强研究和制度设计的现实可行性和有效性非常关键，但现有研究对国外地方税收实践梳理并结合中国现实进行探究还相对不够。

三、分税的逻辑

为什么要进行政府间税收划分，建立地方税收体系？政府存在的目的和依据在于增进社会福利，最大化最大多数人的幸福。有效提供适合辖区人们需要的公共产品和服务，是政府增进社会福利的基本方式，也是政府的基本职责。由于国家管辖人口的增加和地理范围的扩展，除个别规模很小的城市国家外，大多数国家靠单一层级政府难以实现其公共服务供给职能，从而形成多级政府，政府的公共服务提供职责由多级政府共同承担。地方政府更接近民众，在公共服务提供中具有信息优势，可以更好识别地方居民的需求和偏好（Stigler，1957；Oates，1988；Hayek，1945）。同时，公共产品和服务的需求具有多样性，受益范围有差异，公共产品和服务提供存在规模经济（economies of scale）和拥挤效应（congestion effect），使得地方政府承担着大量的公共产品和服务供给职责。地方政府提供公共服务，需要有与其公共服务提供职责匹配的财力支持。虽然税收、转移支付、债务、收费等都可以成为地方政府公共服务提供的财政来源，但由于债务的需偿还性、可持续性和代际公平性问题，收费的规模有限性、非规范性问题，地方过多依赖转移支付又会产生“黏蝇纸”效应（flypaper effect），造成地方财政努力下降和公共支出过度膨胀和低效。实施税收分权，地方政府以地方税收为主要收入来源具有诸多优点，地方政府提供辖区公共服务的收入主要来自对辖区居民的课税，有助于促使地方政府提高公共服务供给效率，增强地方政府的可问责性，改善地方治理，还可以促使地方发展经济和增加收入，创新公共服务供给等，从而提高社会福利水平（理查德·博德，2015）。从世界主要国家地方政府公共服务提供的融资实践来看，实施分税制，建立地方税收体系，将税收作为地方政府公共服务的主要来源，是国际上的通常做法。

进行政府间税收划分，建立地方税体系，并不排斥地方政府的其他形式收入，转移支付、收费、债务等其他收入依然是地方政府收入的重要组成部分。中央与地方共享税的地方部分、地方专享税的地方税收收入是地方政府收入的主体，但不是全部。由于地区间经济的发展及由此带来的税源的非平衡性，分税制下地方税收收入不可能完全支撑每个地方政府的公共服务提供。为实现地区间基本公共服务均等化，保障跨区域或具有外溢性的公共服务的提供，以及维护全国经济社会政治的统一和稳定，需要上级政府或中央的转移支付。同时，地铁、桥梁道路、城市管网、学校和医院基建等公共投入受益的跨代际性，出于代际公平和效率考虑，对这些公共设施进行债务融资更加合理，债务收入也是地方政府财力的重要组成。另外，对公共交通、停车场、公立医院、桥梁、体育和文化场馆、污水和垃圾处理等收取的使用费符合受益原则，并能提高公共设施和服务的使用效率，因而收费将持续存在并成为地方政府收入的重要补充。

政府间税收划分及地方税收体系建设是一个复杂的系统，不能单单基于税收本身来讨论，其建立有其内在逻辑性。建立和健全税收分权和地方税收体系，首先，要科学合理地处理政府与市场、政府与社会的关系，明确政府活动的范围和行为边界；在此基础上，基于公共服务需求和受益特征、不同层级政府在不同公共服务生产提供的比较优势等，合理划分中央与地方政府间的公共服务供给事权和支出责任，即确定地方政府“干什么事”。其次，基于中央与地方政府的事权和支出责任，科学合理地确定各层级政府支出责任履行所需的财力，即确定各级政府履行其公共服务提供职责“要多少钱”。测算和把握各潜在地方税、共享税的税收能力，即估算“有多少钱”。再次，除税收收入外，收费、转移支付和债务等都是政府的重要收入来源，基于主要税种的税收能力测算、地方政府基本支出责任实现的财力保障需求，研究政府间税收划分地方税收收入的保障程度和要求，即确定“要多少税收”。最后，基于税收收入需要、税种特征属性、不同划分方式对政府和微观经济主体的激励、税源和税收地区间分布、税收征管等，对相关税收在中央与地方之间进行划分，确定地方专享税、中央地方共享税及地方分享比例，即确定“税怎么分”。

四、主要内容

由于政府间税收划分与地方税收体系构建是一个复杂的系统，涉及政府间事权和支出责任、政府的收入结构、各税种制度设计、不同税种的组织收入能力、各税种不同分税方式的激励效应等，因此，一项研究不可能研究所有问题。本书主要探讨政府间税收划分的受益归宿、对地方财政可持续的影响，并分别探究所得税、增值税、消费税等主要税收在政府间的划分，以及作为地方税的房地产税建设。

第一章主要是研究背景介绍和简要的文献回顾，并阐述了政府间税收划分的理论逻辑。

第二章，利用税收背离和边际受益归宿方法，实证测度现行政府间税收划分制度下中国省际和地市间的受益情况。研究表明，货物劳务税、企业所得税和总税收在省际都存在明显的税收背离和税收转移现象，北京、上海、广东、浙江等省份是政府间税收划分的税收流入地和受益地，山东、河北、河南、湖北、湖南等省份是政府间税收划分的税收流出地和受损地。在省以下税收划分中，增值税和企业所得税划分的边际受益总体上具有“亲富”特征，营业税划分的边际受益总体上呈现出“亲贫”特征，而总税收在省以下税收划分中的边际受益率差距相对不大。以征缴地征得税收就地划分的征管分配模式，导致现行中央与省级、省内省与市县间名义上相对统一的税收划分方式，在实际运行中存在比较严重的受益不公。下一步的政府间税收划分和地方税改革，应充分考虑地区间的税收背离和税收受益分配来进行制度设计。

第三章研究政府间税收划分对地方财政可持续的影响。利用省际面板数据及面板协整方法对我国地方财政的可持续性进行了评估，研究显示：我国地方财政呈现出弱可持续性；税收分权显著增强了地方财政可持续性，增值税、企业所得税和个人所得税的分权对地方财政可持续的影响具有异质性，企业所得税和个人所得税分权会显著增强地方财政持续性，增值税分权对地方财政可持续性影响不显著。这意味着，从地方财政可持续角度而言，政府间税收划分应考虑不同税种对地方政府的激励，继续将企业所得税和个人所得税作为共享税，并适当提高地方分享比例。

第四章主要研究所得税的政府间税收划分问题。理论上，在企业所得税和个人所得税立法权集中于中央、全国税制相对统一的情况下，所得税由中央和地方共享，并不与所得税的特点和功能属性相冲突，且有诸多优势。世界主要大国的所得税多采用中央和地方共享模式，并且所得税是许多国家州及以下地方政府的主要收入来源，所得税划分实践与经典的税收划分理论并不一致，税收划分更多是基于国情税情的现实选择。从税收能力和地区分布来看，我国企业所得税和个人所得税具备成为地方政府主要收入来源的潜力。我国的所得税划分改革，应坚持将企业所得税和个人所得税作为共享税，并逐步提升省及以下地方政府所得税分享比例。

第五章主要测算增值税的收入能力及在政府间的划分。全面“营改增”后增值税在中央和地方之间“五五分成”，如何深入推进增值税收入划分是下一步政府间税收划分的关键问题。本章基于增加值标准和消费标准对增值税分配的地区间受益状况进行测算，发现基于机构所在地或生产地原则征税分税的增值税横向划分方式，造成增值税横向分配的受益不公。进一步的实证研究发现，在强烈的财政收入激励下，地方政府倾向于发展可以为其带来更多税收的产业和行业，增值税等货物劳务税的划分会显著影响地方产业结构。增值税的划分应考虑其受益结构和对地方政府的激励，在近期，继续将增值税作为共享税，基于消费地原则和均等化原则，按照地区消费、人口等因素对全国征得增值税的地方分享部分在地区间进行分配。在远期，将增值税作为中央税，将零售环节消费税作为地方政府（主要为省级）的主体税种及主要财政收入来源。

第六章研究消费税零售环节征收改革及税收划分。消费税征收环节后移和收入归属改革是社会各界共同关注的前沿问题。从理论和国际实践来看，消费税可以在生产、批发和零售环节征收，生产和批发环节消费税宜划归中央政府，零售环节消费税可划归地方政府。消费税零售环节征收并归于地方政府可以增强消费税凸显性，发挥消费税引导消费和组织收入的作用，促使地方政府改善地方治理，助力健全地方税体系和现代财政制度。对我国消费税零售环节征收的数量测算发现，零售环节征收后，消费税在省际分布变得比较均衡，零售环节消费税具有成为地方税的现实可行性。在改革中，应坚持中央立法，保持全国税制相对统一，维护全国统一市场，按消费品分步骤、积极稳妥推进，并适当扩大消费税征收范围和零售环节征收。我国零售环节消费税宜作为省级政府专享税，并能够成为省级政府的主体税种；跨地网络购物零售环节消费税的征收与分配带来的更多是便利，消费税零售环节征收在征管上不是问题。

第七章研究房地产税改革及作为地方税主体税种的可行性。在经济增速相对放缓和减税降费改革双重减收效应叠加，财政收入由高速增长期进入中低速增长期，而财政支出呈刚性增长的情形下，地方财政可持续性问题显得异常重要。房地产税是理论上良好的地方税，房地产税可通过财力机制、责任机制和价格机制增强地方财政的可持续性。在对房地产税征收的法理依据、功能定位、课税范围与税基选择、减免扣除、税率和征管权配置等进行讨论设计的基础上，本章测算了三种方案房地产税的预计收入规模，三种方案下房地产税收入分别可达 2017 年县市地方税收收入的 15. 17%、21. 32%和 27. 46%。在全国总量上，房地产税具有成为县级地方政府主体税种的潜力。但是，房地产税税基在县域之间分布极不均衡：在一二线城市，房地产税可以为区县带来可观的税收；在广大的非一二线城市，房地产税税基小、居民税收支付能力弱，房地产税为区县带来的税收会非常有限。在全国总量上，房地产税具有担当县级地方政府主体税种的潜力，在短期内房地产税还难以成为各区县级地方政府的主体税种。基于房地产税的重要性和复杂性，房地产税改革要着眼长远，采取“小步慢走、渐进推进”的策略，经过 10 余年的发展，逐渐成为区县级地方政府的重要收入来源。

第八章探究美国地方政府的支出责任和地方税收实践及启示。地方政府支出责任和地方税体系的科学合理是地方治理现代化的重要保障。本章着眼于美国地方政府的支出责任和地方税收，对美国联邦、州和地方政府间财政支出的配置，州和地方政府的事权及支出责任，政府间财政收入和税收划分，州和地方政府的主要税种等进行了全面系统的梳理。美国的政府间财税关系实践对我国的启示在于：中央政府财政收入占比较高且直接承担大量公共服务供给及支出责任，地方财政收入占比小于中央，地方财政支出占比大于中央；中央政府应承担重要的全国性公共服务供给及支出责任，地方政府负责地方性公共服务供给；根据税种特点设置地方税、划分共享税，构建以税收收入为主、转移支付与地方债为辅的地方政府财税收入体系。

第二章

政府间税收划分的受益归宿分析

本章内容提要：利用税收背离和边际受益归宿方法，实证测度了现行政府间税收划分制度下中国省际和地市间的受益情况。研究表明，货物劳务税、企业所得税和总税收在省际间都存在明显的税收背离和税收转移现象，北京、上海、广东、浙江等省份是政府间税收划分的税收流入地和受益地，山东、河北、河南、湖北、湖南等省份是政府间税收划分的税收流出地和受损地。在省以下税收划分中，增值税和企业所得税划分的边际受益总体上具有“亲富”特征，营业税划分的边际受益总体上呈现出“亲贫”特征，而总税收在省以下税收划分中的边际受益率差距相对不大。征缴地征得税收就地划分的征管分配模式，导致现行中央与省级、省内省与市县间名义上相对统一的税收划分方式，在实际运行中存在比较严重的受益不公。下一步的政府间税收划分和地方税改革，应充分考虑地区间的税收背离和税收受益分配来进行制度设计。

一、引　言

实现基本公共服务均等化，以促进经济社会协调发展、使发展成果惠及全体人民、增强人民群众获得感，需要各地有大致均等的财力，而各地的财力状况主要取决于经济发展水平和政府间税收划分制度（乔宝云和王道树，2004）。在分权结构中，税收划分是一件很复杂的事情，它会带来横向与纵向不平衡的各种问题，在税收划分的过程中必须谨慎从事（拉本德拉·贾，

2017）。2016 年全面“营改增”，原作为地方主体税种的营业税消失，国务院制定了中央与地方增值税过渡方案，过渡期为 2—3 年，改革中央和地方税收划分关系，建立科学合理、稳定规范的政府间税收划分制度显得尤为重要和迫切。

1994 年的税制改革，初步建立了中央与地方政府（主要是中央与省）相对统一的政府间纵向税收划分关系；而在增值税、营业税、企业所得税与个人所得税等具体税种的改革及建立过程中，关于纳税人和纳税地点的规定，事实上确立了政府间横向税收划分关系。图 2－1 显示了省内按分税制分得的税收与在该省征得税收之比所表示的分税比率，在时间上省际存在差异，且分税比率与人均 GDP（国内生产总值）之间呈负向关系。图 2－2 表明中国地市的税收和 GDP 之比、地市的税收划分比例在地市间存在差异①，地市的税收和 GDP 之比与地市人均 GDP 呈正向关系。这意味着，从省际看，现行政府间税收划分模式对经济发展水平相对较低的地区有利，有助于均衡地区间财力；从地市之间看，现行政府间税收划分模式对经济发展水平较高的地区有利，不利于均衡地市间财力。我国现行的横向和纵向政府间税收划分制度，实际上是按纳税人在法定纳税地点缴税，征缴地征得的税收在中央

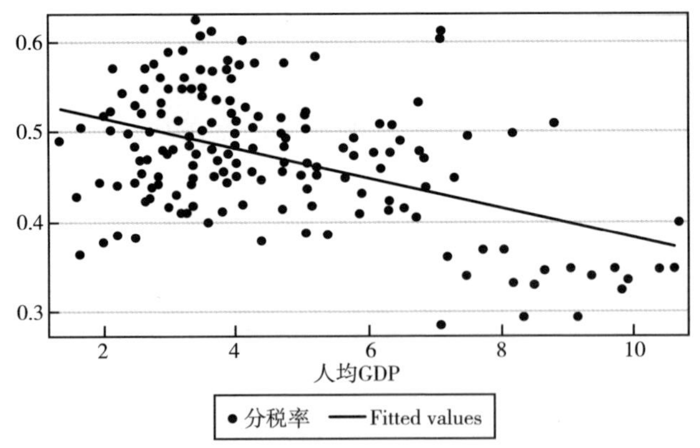

图 2－1　省份人均 GDP 与分税率（2010—2015 年）

资料来源：根据《中国税务年鉴》《中国统计年鉴》数据整理。

① 关于税收与 GDP 之比指标的使用和分析，见本章第四部分的数据说明。

与征缴地不同层级政府间进行划分；中央与省级政府税收划分方式全国范围相对统一，各省省内政府间税收划分由本省自己决定，省际划分方式大相径庭。因此，评估政府间税收划分的分配效应，考察现行的横向和纵向税收划分制度的受益结构，对于建立公平合理的政府间税收划分关系，以及促进地区间基本公共服务均等化和经济社会协调发展具有重要价值。

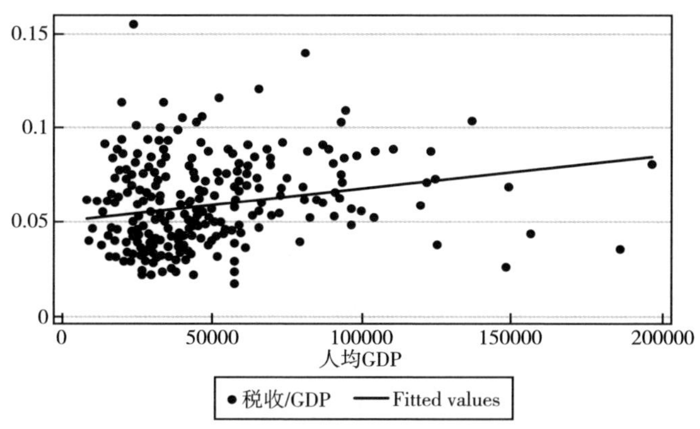

图 2－2 地市人均 GDP 与税收/GDP（2013 年）

资料来源：根据《中国区域经济年鉴》数据整理。

二、文献综述

国外学者研究税收收益问题较早。Thomas（1929）较早注意到税种设计会对税收收入在联邦、州及地方之间的分配产生影响，并强调来源地税收管辖权的优先原则。Mclure（1969）用一般均衡模型分析出资本报酬是影响美国各州政府税收与税源背离的重要因素。Mclure 和 Charles（1983）提出增值税归中央，才能减少税负转嫁造成的税收背离；而企业所得税归地方，并在分配中坚持独立核算、因素法等收益原则。Purohit（2002）认为以属地原则征收的增值税转移方向取决于所处辖区生产过程处于何种阶段，若是以属地原则在消费地征收，将对输出导向型地区不利。Proto 和 Proto（2000）考虑了中间人投票规则和政治因素，证明了税收竞争下税收与税源背离会产生公共产品过度供给的结果。

关于政府间税收划分的受益问题，在国内，刘玉池等（1996）最早探讨了增值税地区间转移，并分析税收转移的表现形式和成因，认为税收转移改变了地区政府之间的税收分配关系，干扰了分税制的运行，使税收从欠发达地区流向发达地区，扩大了地区差异。大量文献对地区间税收转移，税源与税收背离的原因、表现、形式、国外做法和治理进行了研究（靳万军，2007，2012；王蓓，2013；王倩和刘金山，2009）。就具体税种而言，王道树（2007）研究发现地区间企业所得税收入分布差异超过对应的税源分布差异，认为简单的总机构汇总纳税的收入归属机制将恶化企业所得税收入归属差异，提出应按照税收归属与税收来源一致性原则，建立科学的地区间企业所得税收入归属机制。此外，一些研究对地区间税收转移或税收背离进行了测算，发现我国存在比较严重的地区间税收转移和税收背离现象，税收从经济相对落后的区域流向经济相对发达的区域（刘金山和王倩，2009；甘家武，2012；国务院发展研究中心“制度创新与区域协调研究”课题组，2011；李建军，2013），经济相对落后地区为税收输出地，经济相对发达地区为税收受益地。这种“劫贫济富”的税收转移现象加大了地区间的财力差异，有违公平课税原则。现行的税收制度因素，特别是税收收入归属权，是造成区域税收差异的主要原因。应改革财税体制，合理划分区域间税收管辖权，从制度上保证落后地区的收入能力（乔宝云和王道树，2004）。

已有研究表明在现有的政府间税收划分存在税收与税源背离，地区间受益不公问题，并对地区间税收划分的受益状况进行了初步分析。与既有文献相比，本章的贡献主要在于：（1）现有文献对政府间横向税收划分关注还不足，特别是尚未涉及省以下政府横向税收划分的受益问题。本章从省和地市层面，考察现行横向和纵向政府间税收划分制度下，不同地区的受益情况，为政府间税收划分提供理论和经验依据，有助于解释地区间财力及基本公共服务供给差异。（2）将边际受益归宿分析技术方法用于税收划分受益研究，不仅考察地市税收总体划分受益分配，还评估增值税、营业税和企业所得税税收划分的受益分配，为下一步的税制改革和省以下税收划分提供实证支撑。

本章余下安排如下：第三部分介绍本章研究政府间税收划分受益所采用

的税收背离、边际受益归宿分析方法；第四部分从税收背离视角分析分税制下省际税收受益问题；第五部分从边际受益归宿视角分析地市（州）间的税收受益问题；第六部分是结论与政策建议。

三、方法论

（一）税收背离

中央与地方之间以及不同地方层级政府之间的纵向税收划分，即通常所说的分税制，是政府间税收划分的核心内容。理论上，政府间税收划分不仅包括纵向政府间税收划分，还包含横向政府间税收划分。横向政府间税收划分是同一层级的不同地方政府之间的税收征收权分配问题①。在我国，虽然没有关于地方政府间横向税收划分的一般性规定，但各税种的单行税法中关于纳税人、纳税地点等的规定，事实上也确定了各税种的税收管辖权和地区间税收收益划分方式。按照现行税法关于税收征管权的规定，我国地区间横向税收划分总体上是以机构所在地、生产经营活动地为主要依据，即由机构所在地、生产经营活动所在地的政府及其税务机关行使税收管辖权，并以机构所在地、生产经营活动所在地的税务机关征得的税收为基础，分税种按照一定的标准在中央和地方、不同层级地方政府间进行划分。

换言之，政府间的横向税收划分决定税收在哪里（地区）征收，政府间的纵向税收划分决定征收地征得的税收在中央和征收地不同层级地方政府之间的划分标准。由此可见，政府间横向税收划分制度事实上成为中央到地方不同层级政府间纵向划分的重要前提和基础。在中央与地方间纵向税收划分制度相对统一的情况下，政府间的横向税收划分在一定程度上决定着税收在地区之间的分配。

理论上，在税制统一的情况下，税收的多少主要取决于税源和征管水平。我国税收归属权与税收征管权混同，税收征管机构所在地的政府因其税

① 在国际税收中，不同国家通过居民管辖权和地域管辖权的协调来实现国家间的税收分配。

收征收管辖权理所当然地将所征得的税收归其所有，税收征管的属地管辖、属人管辖和行业管辖交织并存，地区间税收分配协调机制缺失（国务院发展研究中心“制度创新与区域协调研究”课题组，2011），加之企业汇总纳税、生产和管理的空间分离、企业策略性定价、总部经济等，导致我国地区间税源和税收背离，造成税收在地区间流入和流出的横向转移（李建军，2013）。一些地区成为现行横向和纵向政府间税收划分的税收净流入地和受益地，另一些地区成为现行横向和纵向税收划分的税收净流出地和受损地。[①]

为测算税收背离造成政府间横向税收分配的非均衡和受益扭曲，基于数据可得性和研究可行性，本章假设：其一，为避免各地税收征管强度和征管水平的差异可能导致的偏误，假设各地的税收征管水平和征收率相同；其二，各地区的税源结构相同，等量的税基产生相同的税收。地区间的税收背离可表示为：

$$D_i = CT_i - B_i\left(\frac{\sum CT_i}{\sum B_i}\right) \tag{2-1}$$

其中，D_i 为第 i 地区的税收背离额，CT_i 和 B_i 分别表示第 i 地区征得的税收和该地区的税基。由式（2－1）所示，一个地区的税收背离额 D_i 为该地区实际征得的税收减去平均税收征得率（$\sum CT_i / \sum B_i$）与税基计算的应征税收之差。

中央与地方间的纵向税收划分和分配是以各地实际征得的已经产生税收背离的税收收入为基础进行分配的，税收背离必然造成地区间横向税收分配的不公。税收背离对各地区税收分配及收益的影响，可表示为式（2－2）和式（2－3）：

$$AET_i = TR_i - (CT_i - D_i)\left(\frac{TR_i}{CT_i}\right) = TR_i - B_i\left(\frac{\sum CT_i}{\sum B_i}\right)\left(\frac{TR_i}{CT_i}\right) \tag{2-2}$$

---

① 对于跨省市总分机构企业所得税收入的征缴产生的税收背离问题，财政部等先后制定《跨地区经营、集中缴库的企业所得税地区间分配暂行办法》（财预〔2002〕5号）、《跨省市总分机构企业所得税分配及预算管理暂行办法》（财预〔2008〕10号）、《跨省市总分机构企业所得税分配及预算管理办法》（财预〔2012〕40号）等办法；四川省制定了《关于建立健全区域合作发展利益分享机制的指导意见》（川府发〔2015〕4号），对总分机构跨区域的企业、跨市县的项目等企业所得税、增值税等税收的横向分配进行了规范。

$$MET_i = TR_i - (CT_i - D_i)\left(\frac{\sum TR_i}{\sum CT_i}\right) = TR_i - B_i\left(\frac{\sum CT_i}{\sum B_i}\right)\left(\frac{\sum TR_i}{\sum CT_i}\right) \quad (2-3)$$

其中，TR_i 表示在现行的税收征管及分税制下地区 i 实际分得的税收，TR_i/CT_i 为税收在地区 i 的中央与地方间的实际分配比例，$\sum TR_i / \sum CT_i$ 为税收在中央与地方间的全国平均分配比例；AET_i 和 MET_i 分别表示按照中央与该地区实际税收分配比例（简称实际分配率）、中央和地方全国平均税收分配比例，i 地区的税收背离状况。若 $AET_i > 0$、$MET_i > 0$，表示该地区因税收背离而多分得的税收，该地区是政府间税收划分的税收流入地和受益地；若 $AET_i < 0$、$MET_i < 0$，表示该地区因税收背离而少分得的税收，该地区是政府间税收划分的税收流出地和受损地。

（二）边际受益归宿

边际受益归宿分析（Marginal Benefit Incidence Analysis，MBIA）是利用截面数据识别新增资金的受益分配状况的技术方法。最早由 Lanjouw 和 Ravallion（1999）提出及运用，Ajwad 和 Wodon（2007）进一步对该方法进行了优化。该方法的基本思路是：对省域内的市（州）按照一定的标准分为若干个群组，测算在分税制下，省内税收分享比例提升时，各个群组税收分享比例的边际受益率。若省内税收分享比例提高，某群组税收分享比例以更高的比例递增，即边际受益率大于 1，说明该群组在税收分享中的边际受益率更高；反之，该群组在税收分享中的边际受益较少（卢洪友和刘丹，2016；Kruse et al.，2012）。

对样本划分群组是边际受益归宿分析的基础，不同的划分标准意味着选择了不同的参照系，直接影响边际受益归宿分析中经济政策含义的阐释。为考察不同经济发展水平的地方在税收划分中的受益结构，本章选择人均 GDP 作为群组划分的依据，如果人均 GDP 更高组别的税收分享边际受益率更高，大于 1，说明政府间税收划分更有利于经济发展水平高的地区，高收入地区在政府间税收划分中受益；如果人均 GDP 比较低组别的边际受益率更高，大于1，则说明税收划分有利于欠发达地区，低收入地区在税收划分中受益。

设有 N 个样本省区，第 i（$i=1$，…，N）省第 k 个组群的第 j 个市（州）的税收划分或分享比例为 d_{ij}^{k}；第 i 省第 k 组的平均税收分享比例表示为 D_i^k，第 i 省内市（州）平均税收分享比例为 D_i，有：$D_i^k = \sum_{j=1}^{J_i^k} \frac{d_{ij}^k}{J_i^k}$，$D_i = \sum_{k=1}^{K}\sum_{j=1}^{J_i^k} \frac{d_{ij}^k}{\sum_{k=1}^{K} J_i^k}$。

构建如下回归模型来分析税收分享的受益归宿：

$$D_i^k = \alpha^k + \beta^k D_i + \mu_i^k;\ k=1,\cdots,K,i=1,\cdots,N \tag{2-4}$$

系数 β^k 表示省内市（州）平均税收分享比例提高一个单位，引起第 k 组市（州）税收分享比例提高 β^k 单位。由于 D_i 中包含了 D_i^k 的信息，模型存在内生性问题。为避免内生性造成的估计偏误，采用 Ajwad 和 Wodon（2007）处理方法，将 D_i^k 的信息从 D_i 中去除，将式（2-4）转换为：

$$D_i^k = \alpha^k + \beta^k\left(\frac{\sum_{k=1,j=1}^{K,J_i^k} d_{ij}^k - \sum_{j=1}^{J_i^k} d_{ij}^k}{\sum_{q=1}^{K} J_i^k - J_i^k}\right) + \mu_i^k \tag{2-5}$$

如果在一省内各群组有相同的市（州）数，即 $J_i^k = J_i$，则有 $\sum_{k=1}^{K} D_i^k = KD_i$。进一步可将式（2-5）简化为式（2-6）。实际上，有的省内群组数量可能并不相等，但不同群组的样本量差别都不超过1，故式（2-5）和式（2-6）解释变量的差异可以忽略不计（卢洪友和陈思霞，2012）。

$$D_i^k = \alpha^k + \beta^k\left(\frac{KD_i - D_i^k}{K-1}\right) + \mu_i^k \tag{2-6}$$

去掉式（2-6）的误差项，整理方程得：

$$D_i^k = \frac{\alpha^k + \beta^k(K/K-1)D_i}{1+\beta^k/(K-1)} \tag{2-7}$$

对 D_i^k 求 D_i 的一阶偏导，可得省内市（州）平均税收分享比例提高一个单位，引起该省第 k 组市（州）税收分享比例的变动：

$$\frac{\partial D_i^k}{\partial D_i} = \frac{K\beta^k}{K-1+\beta^k} \tag{2-8}$$

式（2-8）即为第 k 个组群的税收分享边际受益率。若该式的值大于1，表明第 k 组群在省内市（州）税收分享比例整体提升中其分享比例提升得更高，受益更多；反之，意味着组群 k 在税收分享比例提高中受益较少。

需要说明的是，如果式（2-6）不同组群估计结果的截距项和系数项存在不同，但是边际受益归宿分析隐含着一个内在的约束条件：省内市（州）税收分享比例提升一个单位，各组群的边际受益率的平均值等于1；则约束条件可以通过对 $D_i = (1/K)\sum_{k=1}^{K} D_i^k$ 全微分得出：

$$\sum_{k=1}^{K} \frac{\beta^k}{K-1+\beta^k} = 1 \tag{2-9}$$

将最后一组群的参数 β^K，表达为其他组群参数的函数，可得：

$$\beta^K = \frac{(K-1)\left(1-\sum_{k=1}^{K-1}\frac{\beta^k}{K-1+\beta}\right)}{\sum_{k=1}^{K-1}\frac{\beta^k}{K-1+\beta}} \tag{2-10}$$

本章研究市（州）税收分享的边际受益归宿，样本包括24个省的325个市（州）。由于省内市（州）数量的限制，本章以人均GDP为标准将各省内市（州）分为4组（$K=4$）。同时，考虑式（2-10）的约束条件，可将回归模型（2-6）写作：

$$\begin{cases} D_i^k = \alpha^k + \beta^k\left(\dfrac{4D_i - D_i^k}{K-1}\right) + \mu_i^k \\ D_i^4 = \alpha^4 + \dfrac{(4-1)\left(1-\sum_{k=1}^{3}\dfrac{\beta^k}{4-1+\beta}\right)}{\sum_{k=1}^{3}\dfrac{\beta^k}{4-1+\beta}}\left(\dfrac{4D_i - D_i^4}{4-1}\right) + \mu_i^4 \end{cases} \tag{2-11}$$

其中，$k=1, \cdots, 3$，$i=1, \cdots, 24$。式（2-11）包含4个回归方程，第 k 组市（州）的税收分享比与省内市（州）平均税收分享比相关，而省内市（州）平均税收分享比又包含了其他群组税收分享比的信息，方程及其干扰项间存在相关性，同时回归方程还存在跨方程的参数约束。因此，本章采用似不相关回归（Seemingly Unrelated Regression Estimation，SUR）对4个方程进行联合估计，以提高估计效率（陈强，2015）。

四、分税制下省际税收受益：税收背离视角

（一）数据说明

本章基于税收背离方法对省际税收受益进行分析。在政府间税收总体受益测算中，以各地区 GDP（单位：亿元）作为税基；考虑到 2012 年以来“营改增”改革增值税和营业税征税范围的调整和税基数据的可得性，我们将增值税和营业税加总作为货物劳务税，税基以地区第二、第三产业增加值（单位：亿元）近似刻画；在企业所得税政府间受益测算中，根据企业所得税的计税基础，以各地的企业营业盈余为税基。在内外资企业所得税合并之前，企业所得税收入包括内资企业所得税收入和外资企业所得税收入。各地征得的税收总收入，增值税、营业税和企业所得税收入为《中国税务年鉴》中报告的国家税收局和地方税务局征得的相应税收收入的合计数，同时将大连、宁波、厦门、青岛、深圳等 5 个计划单列市税收数据并入所在省份。各地分得的各项税收收入为各地方的财政预算收入数。本章主要对我国大陆地区除港澳台、西藏之外的 30 个省（区、市）政府间税收受益情况进行测算，原始数据来自《中国税务年鉴》和《中国统计年鉴》。

（二）测算结果

利用式（2－2）和式（2－3）对 30 个省（区、市）的税收总体、货物劳务税和企业所得税的政府间受益情况进行测算，结果如图 2－3 至图 2－8 所示。

由图 2－3 和图 2－4 可知，无论是基于税收在中央与地方之间的实际分配率，还是基于平均分配率进行测算，我国省（区、市）间都存在明显的税收转移现象。北京、上海、浙江、广东等省（市）是政府间税收划分的税收流入地和受益地；河北、辽宁、福建、山东、河南、湖北、湖南、广西、四川、陕西等省（区），在现行政府间税收划分中是税收流出地和受损地。

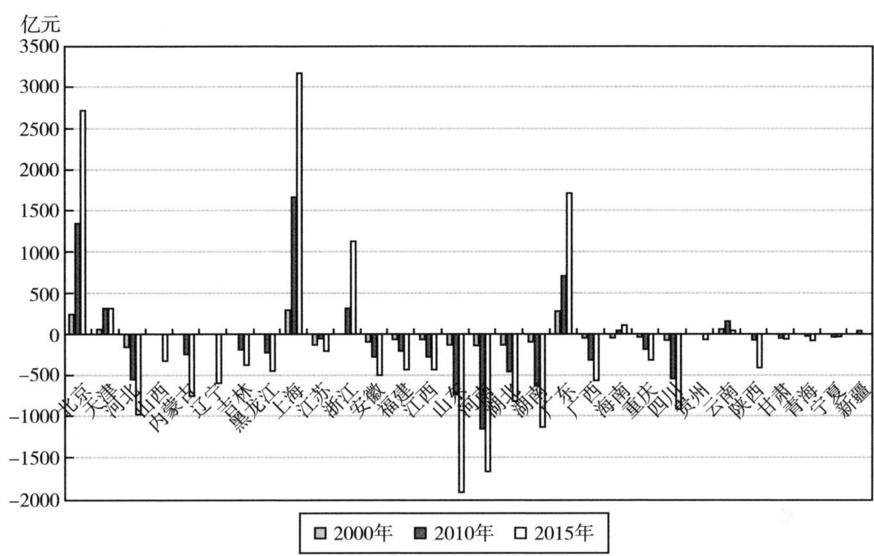

图2-3 分税制下地区税收受益状况（实际分配率）

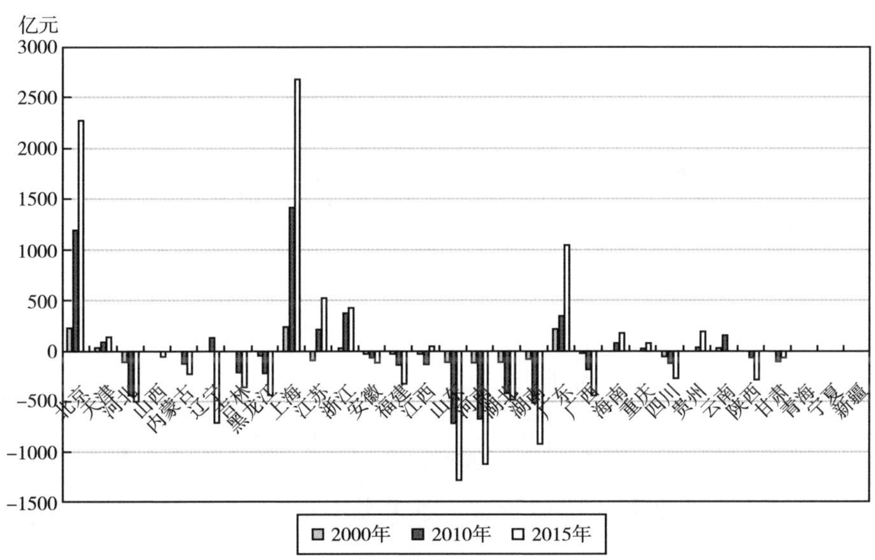

图2-4 分税制下地区税收受益状况（平均分配率）

由图2-5和图2-6可知，无论是基于货物劳务税在中央与地方之间的实际分配率，还是基于平均分配率进行测算，包括增值税和营业税两税的货物劳务税在省（区、市）间都存在明显的税收转移现象。上海、广东、北京、浙江、江苏等省（市）是政府间货物劳务税划分的税收流入地和受益地；山东、河南、湖南、湖北、河北、内蒙古、辽宁、吉林、黑龙江、广西、陕西等省（区），在现行的政府间货物劳务税划分中是税收流出地和受损地。

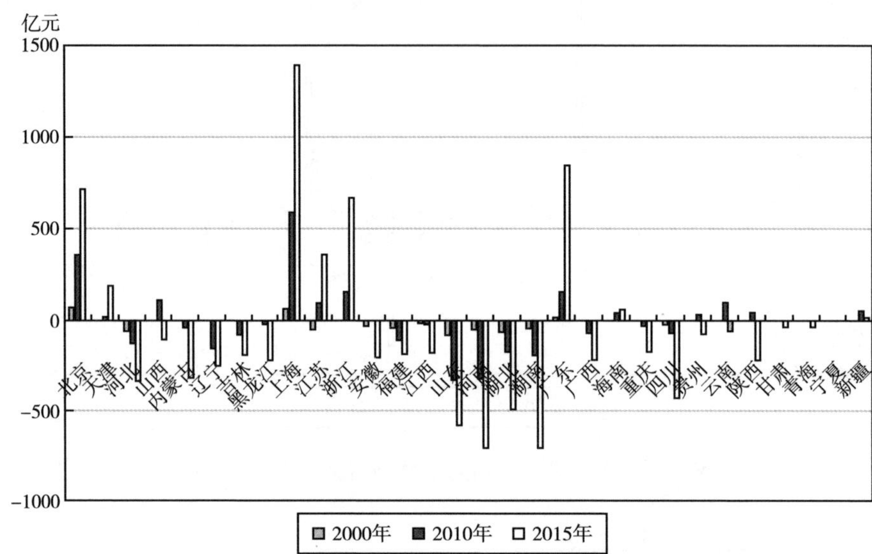

图 2－5　分税制下地区货物劳务税受益状况（实际分配率）

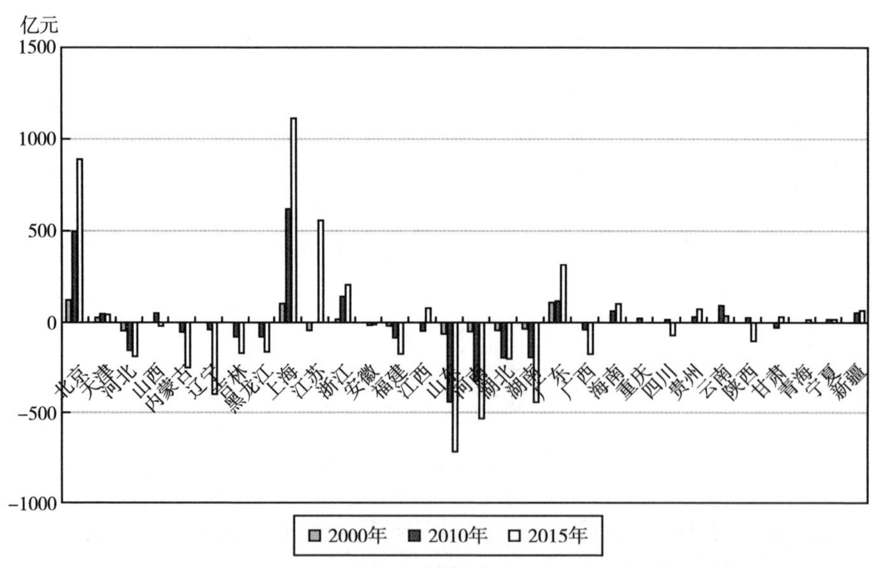

图 2－6　分税制下地区货物劳务税受益状况（平均分配率）

由图 2－7 和图 2－8 可知，无论是基于企业所得税在中央与地方之间的实际分配率，还是基于平均分配率进行测算，我国企业所得税在省（区、市）间也存在明显的税收背离和转移现象。上海、北京、广东、浙江等省（市）是政府间税收划分的企业所得税流入地和受益地；山东、河南、湖南、湖北、河北等省份是政府间企业所得税税收划分中的税收流出地和受损地。

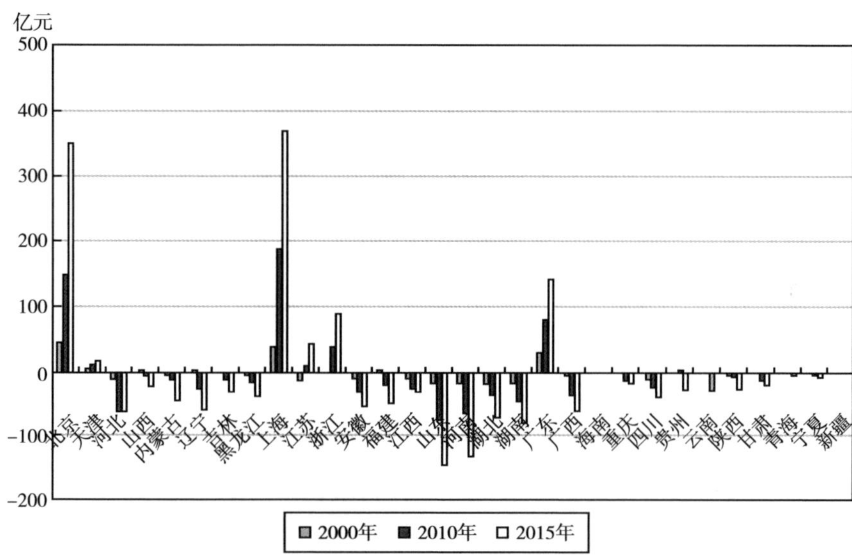

图 2－7　分税制下地区企业所得税受益状况（实际分配率）

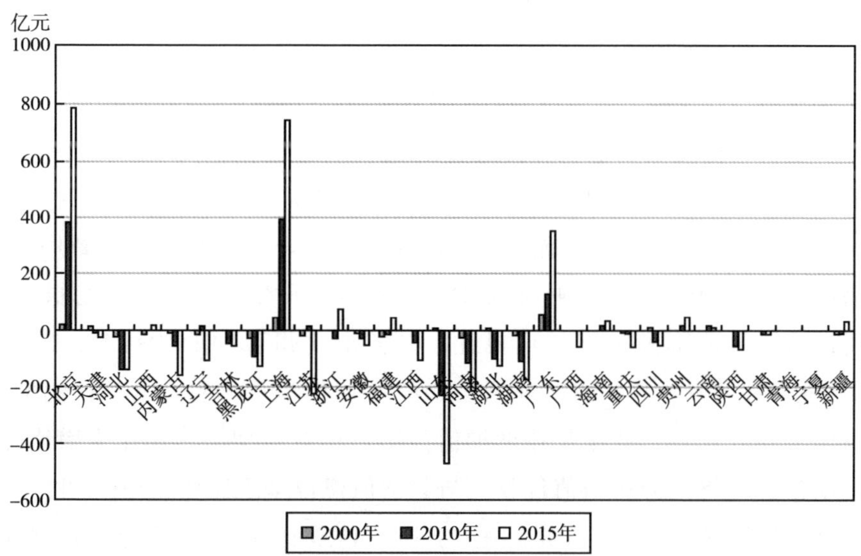

图 2－8　分税制下地区企业所得税受益状况（平均分配率）

总体而言，无论是基于税收在中央与地方之间的实际分配率，还是基于平均分配率进行测算，现行分税制下地区货物劳务税、企业所得税和总税收在省际都存在明显的税收背离和税收转移现象。北京、上海、浙江、广东等省（市）是政府间税收划分的税收流入地和受益地；山东、河北、河南、湖北、湖南等省份是政府间税收划分的税收流出地和受损地。

五、分税制下地市（州）间税收受益：边际受益归宿视角

（一）数据说明

前文从税收背离视角对政府间税收划分的省际受益进行测算，本部分进一步对市（州）在政府间税收划分中受益结构进行分析。由于缺乏税收背离方法所需的税收机构在各市（州）征得税收的数据，这里采用边际受益归宿技术方法展开研究。如前文所述，根据边际受益归宿分析方法，对省域内的市（州）按照人均 GDP 分为 4 个群组，测算在分税制下，省内市（州）平均税收分享比例提升时，各个群组在税收分享比例变动中的边际受益率。理论上，政府间税收划分中，市（州）的税收分享比例等于市（州）按照政府间税收划分及分税方式在征税机关从本市（州）征得的税收中分得的税收 T_D，除以征税机关从该市（州）征得的税收 T_C。征税机关从本市（州）征得的税收取决于税基 B 和税制 t，$T_D/T_C = T_D/(B \times t)$。由于我国税收立法权集中于中央，全国税制大致统一，对各市州有相同的 t；因此，本章用 T_D/B 作为市（州）税收划分比例的近似替代。在具体研究中，考虑税收总体和具体税种的征税范围及数据的可得性，以各市（州）GDP 为税基，以各市（州）实际税收总收入与本市（州）GDP 之比作为总体税收分享比例指标；以各市（州）第二产业中工业增加值与第三产业增加值之和作为增值税税基，以各市（州）分得增值税收入与其增值税税基之比作为市（州）增值税分享比例指标；以各市（州）第二产业中建筑业与第三产业增加值之和作为营业税税基，以各市（州）分得的营业税收入与其营业税税基之比作为市

（州）营业税分享比例指标；以各市（州）第二、第三产业增加值之和作为企业所得税税基的替代，以各市（州）分得的企业所得税收入与企业所得税税基之比作为市（州）企业所得税分享比例指标[①]。

本部分选取我国大陆地区24个省（区）325个市（州）的数据为样本，样本中剔除了港澳台、西藏、直辖市及个别所辖地级市报告数量有限不符合群组划分要求的省份。原始数据主要来自于《中国区域经济年鉴》。

（二）实证结果

表2－1报告了2013年中国市（州）一级地方政府税收划分的平均受益情况。可以看出，税收总体、增值税和营业税在市（州）的分享比例，除25—50分位外，市（州）税收分享比例随人均GDP增加而增长；企业所得税的市（州）分享比例，完全随分位数的提高而逐步提高。总体而言，市（州）的税收分享比例与经济发展水平总体上呈正向关系，经济发展水平越高的市州，在税收划分中实际分得的比例也越高。这意味着，相对于欠发达的市（州），经济发达的市（州）在税收划分中分得的比例更高，税收划分存在横向非公平问题。

表2－1　　地市税收划分受益分布

组别	总税收	增值税	营业税	企业所得税
0—25分位	0.0532	0.0097	0.0406	0.0056
25—50分位	0.0584	0.0113	0.0419	0.0062
50—75分位	0.0571	0.0100	0.0404	0.0064
75—100分位	0.0643	0.0115	0.0451	0.0079
75—100分位与0—25分位之差	0.0111	0.0018	0.0045	0.0023

注：按人均GDP从低到高，对样本市（州）4等分：0—25分位代表最贫困的市州，25—50分位代表次贫困市州，50—75分位代表较富裕市州，75—100分位代表最富裕地市。

① 按现行分税制，增值税、企业所得税为中央与地方共享税，营业税主要为省及以下地方税。各省分别制定本省的省及以下税收划分制度，增值税和企业所得税的地方分享部分、营业税，在省、市及县之间按本省的规定划分。

虽然表 2 -1 提供了不同税种的税收收入划分比例在各个组群中的平均分布情况，但由于平均状况并不能表示出边际的变化情况，不能反映当省级平均税收分享比例变动时，各个群组内税收分享比例的增减情况；所以本章采用边际受益归宿分析，进行似不相关估计（SUR），估计结果如表 2 -2 所示。β_1—β_3分别是对 0—25 分位、25—50 分位、50—75 分位三个群组线性方程的估计系数，β_4为非线性约束条件估计出的系数值。系数全为正值，且在 1% 的水平上显著，说明当省级总税收、增值税、营业税和企业所得税分享比例提高时，省辖区内群组的总税收、增值税、营业税和企业所得税分享比例也会显著增加。

表 2 -2　　SUR 估计结果

系数	增值税	营业税	企业所得税	总税收
α_1	0.0019*** (3.47)	-0.0053* (-1.84)	0.0018*** (6.25)	-0.0025 (-0.68)
β_1	0.7283*** (13.52)	1.1349*** (15.88)	0.5811*** (14.33)	0.9629*** (15.05)
α_2	-0.0005 (-0.65)	-0.0037 (-1.48)	-0.0009*** (-3.49)	-0.0024 (-0.54)
β_2	1.0612*** (13.84)	1.0831*** (18.31)	1.0625*** (28.63)	1.0365*** (13.74)
α_3	-0.0009** (-2.11)	0.0002 (0.09)	-0.0001 (-0.26)	0.0008 (0.24)
β_3	1.0654*** (25.20)	0.9430*** (22.35)	1.0315*** (16.88)	0.9649*** (16.88)
α_4	-0.0008 (-0.88)	0.0099*** (3.58)	0.00003 (0.04)	0.0080* (1.72)
β_4	1.1751*** (13.27)	0.8435*** (13.41)	1.2306*** (10.17)	0.9774*** (12.50)
R_1^2	0.705	0.776	0.576	0.740
R_2^2	0.677	0.816	0.883	0.716
R_3^2	0.893	0.873	0.780	0.789
R_4^2	0.707	0.720	0.591	0.656

续表

系数	增值税	营业税	企业所得税	总税收
χ_1^2	182.8	252.1	205.4	226.4
χ_2^2	191.5	335.1	819.6	188.9
χ_3^2	635.1	499.7	284.9	285.0
χ_4^2	176.2	179.7	103.4	156.2

注：(1) 括号内为 z 值。(2) ***，** 和 * 分别表示在 1% 、5% 和 10% 的显著性水平下显著。

将表 2－2 的估计系数代入式（2－8），可得到各群组税收分享或划分的边际受益状况，如表 2－3 所示。表 2－3 的边际受益率反映当省域税收分享比例增加一个单位时，市州的各个群组税收分享比例的变动情况。

表 2－3　　地市税收划分边际受益率

组别	增值税	营业税	企业所得税	总税收
0—25 分位	0.7814	1.0979	0.6491	0.9720
25—50 分位	1.0452	1.0611	1.0462	1.0272
50—75 分位	1.0483	0.9566	1.0234	0.9735
75—100 分位	1.1258	0.8778	1.1635	0.9829
75—100 分位与 0—25 分位之差	0.3444	－0.2201	0.5144	0.0109

第一，省以下增值税的税收划分或分享总体上更偏向于经济比较发达的地区，具有明显的“亲富”特征。当省域内市（州）增值税平均分享比例提高 1 个单位时，经济发展水平最低的 0—25 分位市（州）群组的边际受益率最低为 0.7814，经济最发达的 75—100 分位市（州）群组的边际受益率最高为 1.1258，经济最发达的 75—100 分位市（州）比经济发展水平最低的 0—25 分位市（州）高 0.3444。25—50 分位市（州）的边际受益率和 50—75 分位市（州）的边际受益率大致相当，两者的边际受益率都高于经济发展水平最低的 0—25 分位市（州），都低于经济发展水平最高的 75—100 分位市（州）的边际受益率。

第二，省以下营业税的税收划分更倾向于经济欠发达地区，具有较为明显的“亲贫”特征。当省域内市（州）营业税平均分享比例提高 1 个单位时，经济发展水平最低的 0—25 分位市（州）群组的边际受益率最高为

1.0979，经济最发达的75—100分位市（州）群组的边际受益率最低为0.8778，经济发展水平最低的0—25分位市（州）比经济发展水平最高的75—100分位市（州）高0.2201。另外两个分位组的营业税分享边际受益率也随经济发展水平的提高而降低。

第三，省以下企业所得税的税收划分或分享总体上具有较强的"亲富"特征，税收划分总体更偏向于经济发展水平更高的地区。当省域内市（州）企业所得税平均分享比例提高1个单位时，经济发展水平最低的0—25分位市（州）群组的边际受益率最低，仅为0.6491，经济最发达的75—100分位市州群组的边际受益率最高为1.1635，经济最发达的75—100分位市（州）比经济发展水平最低的0—25分位市（州）高0.5144。另外，25—50分位市（州）和50—75分位市（州）的边际受益率都高于0—25分位市（州）、低于经济发展水平最高的75—100分位市（州），且都大于1，在企业所得税分享比例提升中同样受益更多，但25—50分位市（州）受益率略高于50—75分位市（州）。

第四，就总税收而言，省以下税收划分或分享的边际受益情况在不同群组之间虽有差异，但整体上差距不大。当省域内市（州）企业所得税平均分享比例提高1个单位时，经济发展水平从低到高四个分位市（州）群组的边际受益率分别为0.9720，1.0272，0.9735和0.9829，不同群组的边际受益率差异不大。经济发展水平较低的25—50分位市（州）群组的边际受益率相对较高，为1.0272；经济最发达的75—100分位市（州）群组的边际受益率为0.9829，低于1，仍高于50—75分位市（州）的受益率，较经济最不发达的0—25分位市（州）高0.0109。

总而言之，在省以下税收划分或分享中，增值税和企业所得税划分的边际受益总体上具有"亲富"特征，经济发展水平更高的市（州）在税收划分及分权度提高中受益更多。营业税划分的边际受益总体上呈现出"亲贫"特征，经济欠发达地区在省以下营业税划分及分权中受益略多。然而，对于总税收来说，省以下税收划分或分享的边际受益情况在不同群组之间虽有差异，但整体上差距不大。在现行的分税制下，省以下的纵向和横向政府间税收划分主要由各省级政府自主决定，虽然各省的省以下政府间税收划分制度大相径庭，但在一省内省与市及县之间的税收划分方式是基本一致的，但在省以下政府间横向税收划分中实际上采用的还是“属地征管、就地划分”。企业汇总纳税、跨地区经营、生产与管理的空间分离、地区间税收竞争等，导致省域内也存在税收转移、税收与税源的背离，进而导致在形式上大致相同的税收划分方式下，不同市（州）在税收划分和分享中实际分得的比例不同，受益存在差异。市（州）税收划分边际受益率分析，从市（州）层面佐证了前文以及李建军（2013）、国务院发展研究中心“制度创新与区域协调研究”课题组（2011）的研究结果，即增值税、企业所得税、营业税及总税收存在地区之间的税收转移和背离。全面“营改增”之前，增值税主要对生产、批发零售行业征收，这些行业经营管理机构更多位于经济发展水平更高的地区。总部经济、企业跨地区经营、企业所得税汇总纳税等，使得两税收的背离主要表现为税收从欠发达地区向发达地区转移，经济发展水平越高在税收划分中受益越多。归属于省以下的营业税主要来自建筑业、房地产业等，这两大行业的纳税地点分别为劳务发生地、不动产所在地，税收背离相对较少；而对于生活服务业、交通运输业等规模相对有限的行业，欠发达地区可能有其自身的优势，从而使经济欠发达地区在省以下营业税实际划分及分权中受益略高。

六、本章结论与建议

实现基本公共服务均等化，需要各地有大致均等的财力，而政府间税收划分制度直接影响地区间财力格局。本章分别利用省级数据和地级市数据，从税收背离和边际受益归宿角度，对我国省际和市际在现行横向和纵向税收划分制度下的受益情况进行了测度分析。

本章的研究表明，总体而言，现行分税制下地区货物劳务税、企业所得税和总税收在省际都存在明显的税收背离和税收转移现象，北京、上海、浙江、广东等省（市）是政府间税收划分的税收流入地和受益地，山东、河北、河南、湖北、湖南等省份是政府间税收划分的税收流出地和受损地。在省以下税收划分或分享中，增值税和企业所得税划分的边际受益总体上具有“亲富”特征，经济发展水平更高的市（州）在税收划分及分权度提高中受益更多。营业税划分的边际受益总体上呈现出“亲贫”特征，经济欠发达地区在省以下营业税划分及分权中受益略多。然而，对于总税收来说，省以下税收划分或分享的边际受益情况在不同群组之间虽有差异，但整体上差距不大。

在现行的分税制下，中央与省级政府的税收划分方式在全国范围相对统一，在一省内省与市及县之间的税收划分方式也基本统一。但是，我国现行的横向和纵向政府间税收划分制度，实际上是按纳税人在法定纳税地点缴税，征缴地征得的税收在中央与征缴地不同层级政府间进行划分；在税源和税收相一致的情况下，这样的划分方式具有较强的合理性和公平性。然而，企业汇总纳税、跨地区经营、生产与管理的空间分离、地区间税收竞争等，导致省际、省域不同市（州）间都存在税收与税源的背离，进而导致在形式上大致相同的税收划分方式下，在实际运行中存在比较严重的受益不公。总体上，税收从欠发达地区向发达地区转移，经济发展水平更高的地区在税收划分中受益更多。2016 年全面“营改增”后，地方主体税种缺失，中央和地方税收划分关系改革成为重大而迫切的命题。其一，在政府间税收划分中，考虑税收背离和转移问题，将税收与税源一致性高、税收背离和转移程度低的税种作为地方税，或地方分得比例更高，比如土地和房产税、零售环节税等；反之，应作为中央税或中央分得比例更高。其二，应充分考虑税收征管对税收划分和分配的影响。对于共享税和地方税，在跨地区经营企业税收征管中坚持来源地征税分税原则，先由经营活动地、分支机构所在地税务机关预征，再由总机构汇算清缴，总机构所在地税务机关按基于税源贡献的因素法在地区间调整，最后以各地税务机关最终所得税收按分税标准在不同层级政府之间分配。同时，在全国和省内分别建立协调跨区域税收的专门委员会，分别负责跨省、省域内税收征管和分配的协调工作。其三，在中央与省、省以下纵向税收划分中，考虑税收转移和背离情况，对于增值税、企业所得税等税收背离及受益不公的税种，提高中央对主要税收流入地、受益地省份的税收分配比例，提高省级政府对主要税收流入地、受益地的市县的税收分配比例；通过中央对省、省对市县的转移支付，矫正横向和纵向税收划分造成的地区间税收分配受益不公和财力差异。

第三章

政府间税收划分与地方财政可持续性实证分析

本章内容提要：随着经济增长步入新常态，我国财政也从“收支双高速增长”阶段进入“支出增速大于收入增速”的新阶段，减收和增支效应叠加，地方政府财政面临压力。本部分利用省际面板数据及面板协整方法对我国地方财政的可持续性进行了评估，研究显示我国地方财政呈现出弱可持续性；税收分权显著增强了地方财政可持续性，增值税、企业所得税和个人所得税的分权对地方财政可持续的影响具有异质性，企业所得税和个人所得税分权会显著增强地方财政持续性，增值税分权对地方财政可持续性影响不显著。这意味着，从地方财政可持续角度而言，划分政府间税收，应考虑不同税种对地方政府的激励，将企业所得税和个人所得税作为共享税，并适当提高地方分享比例。

一、引　言

经过几十年的高速增长，当前我国经济增长速度相对放缓，加之减税改革的推进，财政收入增长从超高速转为中低速。在财政收入增速明显放缓的背景下，教育、医疗、养老、基础设施、环境等公共服务的需求和支出持续增长，财政支出呈刚性增长（楼继伟，2014）。随着财政从“收支双高速增长”阶段进入“支出增速大于收入增速”的新阶段（见图 3 – 1），减收和增支效应叠加，地方土地财政难以为继，债务不断累积、风险增加，地方政府的财政可持续性面临压力。

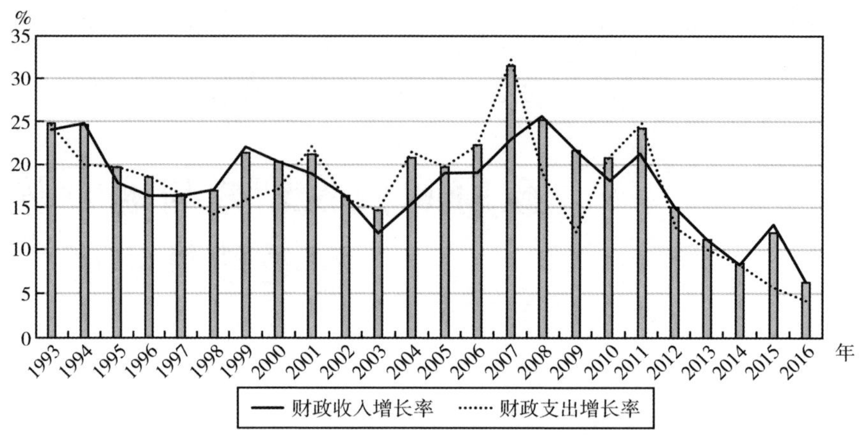

图 3 - 1　1993—2016 年全国财政收支增长率

资料来源：中经网数据库。

从财政收支来看，地方财政的可持续水平主要表现为地方财政收入持续弥补财政支出的能力。税收是地方政府最具稳定性和持续性的支柱性收入来源，财政及税收分权与地方财政可持续直接关联。然而，税收分权对地方财政平衡及持续性的影响，在理论上并不是确定的。在中央政府有责任对陷入财政危机的地方政府给予救助的财政制度或政治现实下，救助预期会产生地方政府预算软约束，进而引致地方政府扩大支出、减少收入，造成地方高赤字（Wildasin，1997）。税收分权下中央政府会让地方政府承担更多的支出责任，却未授予地方政府相匹配的收入；在以广泛的税收分享安排和均衡转移支付为特点的分权制度下，促进效率和增长的激励机制可能会减少（Baskaran，2012）。此外，分权下改革的反对者表达反对意见的途径更多，这使削减支出和增加税收的财政整合变得异常困难（Tsebelis，1995）。这些都不利于财政可持续。有理论支持分权有助于增强地方财政的可持续性。分权和地方财政自治可以发挥地方政府的信息优势（Hayek，1945），引起地方政府间竞争（Tiebout，1956）；地方政府开展政策实验，一个地区实验成功的财政制度安排向其他辖区扩散（Oates，1999）。这些都有助于降低公共服务供给成本，提高公共支出效率，增强地方财政的可持续性。

在更直接的意义上，税收分权意味着地方税和共享税配置向地方政府倾斜，地方政府分得的税收收入增加，地方政府的财政支付能力提升。在长期高速发展下，辖区官员和居民都具有公共服务和经济跨越式发展的内在动机，加之“晋升锦标赛”下地方政府间激烈的经济和财政收支竞争压力（周黎安，2007），地方政府具有强烈的公共投资“饥渴”、财政支出扩张倾向和降低辖区实际税负的冲动。税收分权度的提高、地方财力及财政自主性的提升，会助长地方政府支出扩张和税收竞争，引起地方政府财政赤字膨胀（赵文哲等，2010），从而给地方财政可持续性带来压力和风险。总而言之，理论上看，分权到底是加强还是弱化了地方财政的可持续性并不确定。因此，有必要对地方财政的可持续性进行评估，检验税收分权是否能提升地方财政的可持续性。这不仅有助于预警和防范地方财政风险，促进财政经济的可持续性，还对我国分税制及政府间财政关系的改革完善具有重要意义。

与已有文献相比，本章的不同之处在于：第一，利用省际数据和面板协整方法，检验我国省及以下地方财政的可持续性，对国内研究进行补充；第二，聚焦于财政分权重要方面的税收分权及政府间税收划分，考察税收分权对地方财政可持续的影响，从财政可持续性和财政风险角度，为政府间税收划分改革提供依据；第三，分权的衡量在不同文献中有不同做法，本章以一地区按分税制规定分得的税收与税务机关在该地区实际征得的税收之比来衡量税收分权，更为直接和科学地刻画了政府间的税收分权度。下文结构安排如下：第二部分为文献回顾；第三部分进行理论分析，并实证检验我国地方财政的可持续性；第四部实证分析税收分权对地方财政可持续性的影响；最后为本章的结论和政策建议。

二、文献综述

关于财政可持续性，Domar（1944）最早论述了此问题。他虽然没有直接使用“持续性”这个概念，但实际上将其定义为总公共债务和 GDP 的长期关系：公共债务可以增长，但是增长速度不应快于 GDP 的增长速度。对于财政可持续性的检验，一个重要的思路是检验财政收支之间的协整性，财政可持续性的条件是财政收入和支出（含利息支出）存在协整关系（Hakkio 和 Rush，1991）。Quintos（1995）对美国政府收入和支出间是否存在协整性进行了检验，得出美国的预算赤字是不可持续的。Afonso 和 Rault（2015）采用多步实证方法来检验欧盟公共财政的可持续性，研究发现：对于欧盟国家整体而言，公共财政并不是不可持续的，但对于多数国家，财政可持续性是一个问题。Baharumshah 等（2017）使用马尔可夫非线性模型检验了马来西亚财政的可持续性，发现除了短暂的经济困难时期，马来西亚遵循了可持续性的财政政策。

在国内，周茂荣和骆传鹏（2007）利用协整检验方法和 1952—2006 年时间序列数据进行了实证分析，认为我国的财政是可持续的。朱军和聂群（2014）利用 1978—2012 年我国财政收支数据进行了实证检验，同样得出我国财政具有可持续性。关于地方财政可持续性，王德祥和雷蕾（2016）基于我国 106 个地级市 2003—2013 的数据分析了我国中等城市的财政持续性，认为中等城市财政可持续性较弱。本章主要研究我国省域财政的可持续性，在实证研究中采用面板协整方法进行分析。

关于分权对财政可持续的影响，国内外的研究文献仍比较少。De Mello（2000）研究了财政分权对中央政府赤字和地方政府赤字的影响，发现地方税收的自主性会引起地方政府赤字增加。Fornasari 等（2000）发现财政收入分权与中央政府预算赤字有着反向关系。Neyapti（2010）分别研究了支出分权和收入分权对财政赤字的影响，发现支出分权和收入分权都减少了财政赤字，且人口越多，财政分权对财政合规性的积极效应越明显。Baskaran（2010）发现在 OECD 国家支出分权与公债之间存在负相关系，税收分权和财政纵向非平衡对公共债务没有影响。其后，Baskaran（2012）利用 OECD 国家数据研究发现，地方税收分权与财政赤字呈现出“U”型关系，地方政府对共享税的控制可以增进地方财政稳定性。可见，国外已有研究并未得出一致的结论，财政分权及税收分权对财政赤字及可持续性的影响并不明确。

在国内，廖红伟和范荣（2014）利用我国东部省份数据实证发现，分税制以来财政支出分权引起了财政赤字的扩大，财政收入分权则会降低地方财政赤字。王德祥等（2015）采用我国省际面板数据研究得出类似结论，财政支出分权会降低地方财政的稳固性，财政收入分权有助于增强地方财政的稳固性；但是，2002 年所得税分成改革后，地方所得税分成比例降低却增强了地方财政的稳固性。与国内已有文献不同，本章聚焦研究作为财政分权重要方面的税收分权对地方财政可持续性的影响，并且不仅研究总体税收分权，还分税种考察税收分权对地方财政可持续的作用效应。

三、地方财政可持续评估

（一）理论分析

基于 Hakkio 和 Rush（1991）以及 Afonso 和 Rault（2015）等关于财政可持续的研究，地方财政可持续性分析是基于地方政府静态和跨期预算约束，地方政府静态预算约束可表示为：

$$G_t + (1 + r_t) B_{t-1} = R_t + B_t \tag{3-1}$$

其中，G 为地方政府财政支出（不含利息支出），R 为地方政府财政收入，B 表示地方政府存量债务，r 代表政府债务利率，t 表示时间。式（3－1）适用于地方政府的每一期预算，同时为简化分析，假设每期政府债务利率不变（$r_t = r$），对式（3－1）实施逐步迭代可以得到地方政府跨期预算约束：

$$B_t = \sum_{n=1}^{\infty} \frac{1}{(1+r)^{n+1}}(R_{t+n} - G_{t+n}) + \lim_{n\to\infty} \frac{1}{(1+r)^{n+1}} B_{t+n} \tag{3-2}$$

基于非庞兹博弈条件（no－Ponzi game），即$\lim\limits_{n\to\infty}\frac{B_{t+n}}{(1+r)^{n+1}} = 0$，这意味着地方政府无限远的将来的债务现值收敛于零，地方政府财政可持续，任意时点的地方政府债务存量等于未来地方政府各期财政盈余的折现值。

地方政府财政总支出可表示为 $TG_t = G_t + rB_{t-1}$，遵循 Hakkio 和 Rush（1991）、Afonso 和 Rault（2015）的思路和做法，进一步可以得出：

$$TG_t - R_t = \sum_{n=0}^{\infty} \frac{1}{(1+r)^{n-1}}(\Delta R_{t+n} - \Delta G_{t+n}) + \lim_{n\to\infty} \frac{B_{t+n}}{(1+r)^{n+1}} \tag{3-3}$$

根据非庞兹博弈条件，式（3－2）和式（3－3）右侧第二项收敛于 0，

TG_t 和 R_t 两变量的一阶差分平稳，且两变量为一阶单整。评估地方政府跨期预算可持续性就转化检验 R_t 和 TG_t 之间是否存在协整关系。若存在协整关系则说明地方财政具有可持续性，其协整方程可表达为：

$$R_t = \alpha + \beta TG_t + \varepsilon \tag{3-4}$$

其中，在式（3-4）中，ε 为误差项，根据 Hakkio 和 Rush（1991）的研究，财政收入与财政支出两变量间存在协整关系且 $0 < \beta \leq 1$，是财政可持续的必要条件。Quintos（1995）进一步得出，若财政支出与财政收入之间存在协整关系，且 $\beta = 1$，财政具有强可持续性；若变量之间存在协整关系，且 $0 < \beta < 1$，财政呈现出弱可持续性；若变量间存在协整关系，且 $\beta \leq 0$，财政不可持续。

（二）实证检验

1. 数据来源

本章利用省际面板数据检验地方财政可持续性，参照周茂荣和骆传朋（2007）、Afonso 和 Rault（2015）等的做法，财政收入和财政支出变量为各自数额与 GDP 之比。本章使用 1995—2015 年我国 30 个省（区、市）数据（不含港澳台和西藏），其中地方财政收入、地方财政支出为一般公共预算收支，地方财政收支和 GDP 数据都来自中经网统计数据库。

2. 平稳性检验和协整检验

在对地方财政可持续进行协整检验之前，首先对变量的平稳性进行检验。本章数据为平衡面板数据，对于面板数据的单位根检验，有多种不同的方法：一类方法假定面板数据各截面序列具有相同单位根过程；另一类方法允许面板数据各截面序列具有不同的单位根过程。本章在两类方法中各选一种代表性常用方法，相同根下的单位根检验选择 LLC 检验，不同根情况下的单位根检验选取 IPS 检验，两种检验方法分别适用于同质面板和异质面板。

检验结果如表 3-1 所示。由检验结果可知，地方财政收入与 GDP 之比（*revp*）、地方财政支出与 GDP 之比（*expp*）两变量的水平值都不是平稳序列，但经过一阶差分后的两序列都是平稳序列。这意味着两序列之间存在协整的可能性。为此，本章采用常用的面板协整检验方法进行检验，结果显示各统计量不存在协整关系的原假设都被拒绝（见表3－2），说明被解释变量（地方财政收入与GDP之比，*revp*）与自变量（地方财政支出与GDP之比，*expp*）存在长期均衡的协整关系。

表3－1　　面板单位根检验结果

	水平值		一阶差分	
	LLC检验	IPS检验	LLC检验	IPS检验
revp	－4.979 (0.610)	－1.057 (0.997)	－14.558*** (0.000)	－2.543*** (0.000)
expp	－5.569* (0.058)	－1.119 (0.990)	－16.640*** (0.000)	－2.851*** (0.000)

注：*和***分别表示在10%、1%的水平下拒绝“面板所有截面对应的序列非平稳”的原假设；括号内为p值。

表3－2　　财政收入占GDP比与财政支出占GDP之比的面板协整检验结果

	统计量	Z值	P值
Gt	－1.468	－2.590	0.005
Ga	－4.900	－1.322	0.093
Pt	－7.690	－4.193	0.000
Pa	－4.224	－6.049	0.000

注：各统计量的原假设均为不存在协整关系。

3. 面板协整方程估计和因果检验

由于地方财政收入与GDP之比（*revp*）、地方财政支出与GDP之比（*expp*）的协整关系成立，这里进一步对系数进行估计。在估计中，为保证结论的稳健性，本章分别采用组间FMOLS方法和组间面板DOLS方法，估计结果如表3－3所示。两方法的估计系数类似，约为0.31，且都在1%的水平上通过了检验。为进一步核实地方财政收入与地方财政支出间存在的长期均衡关系是否为因果关系，我们又对其进行Granger因果关系检验，检验结果拒绝地方财政支出与GDP之比（*expp*）不是地方财政收入与GDP之比（*revp*）的Granger原因的原假设（见表3－4），说明地方财政支出的增长的同时也会促进地方财政收入的增长。根据 Quintos（1995）对财政可持续的检验标准，$\beta \approx 0.31$，$0 < \beta < 1$，表明我国地方财政呈现出弱可持续性。

表 3－3　　财政收入占 GDP 比与财政支出占 GDP 之比面板协整估计结果（1995—2015 年）

变量	FMOLS 估计		DOLS 估计	
	系数	T 统计量	系数	T 统计量
expp 财政支出占 GDP 比重	0. 3174 ***	21. 150	0. 3123 ***	18. 339
Adj. R^2	0. 818		0. 859	

注：*** 表示在 1% 的水平上显著。

表 3－4　　面板 Granger 因果检验

原假设	W－stat.	Zbar－stat.	Prob.
expp 不是 revp 的原因	1. 9628	2. 5553	0. 011
revp 不是 expp 的原因	1. 9669	2. 5677	0. 010

4. 讨论

周茂荣和骆传朋（2007）的研究显示我国财政整体上具有较强的可持续。然而，从本章的实证结果来看，我国地方财政虽然呈现出一定的可持续性，但可持续比较弱。一方面，这一状况与地方政府存在强烈的支出扩张冲动关系密切。在“晋升锦标赛”下，地方政府官员表现出强烈的政绩动机（周黎安，2007）。为提升 GDP 为核心的政绩，扩大以基础设施为代表的公共支出、进行税收竞争是地方政府的重要策略选择，其结果自然是地方财政支出不断扩张、财政收入相对减少，地方政府实际债务持续增加，妨碍了地方财政的可持续性。另一方面，地方财政的弱可持续性也和我国政府间财政关系紧密相连，1994 年分税制改革及其后的中央和地方支出责任和税收划分调整，基本上都是财政事权及支出责任下移、税收收入上移，地方税不完善、缺乏持续稳定的地方主体税种，造成地方的事权及公共支出与自有财力不匹配，地方财政过多依赖转移支付和债务性收入；而转移支付降低了地方政府的财政努力（乔宝云等，2006）、促进了地方财政支出的膨胀（刘怡和刘维刚，2015）和地方政府债务的扩张（钟辉勇和陆铭，2015），不利于地方财政的可持续。

从地方财政收支的变化趋势来看，1995 年以来，我国地方财政收入与 GDP 之比、地方财政支出与 GDP 之比均呈上升趋势（见图 3－2）。其中，地方财政支出与 GDP 之比从 7.87% 增长到 21.93%，地方财政收入与 GDP 之比从 4.87% 增长到 12.11%，地方财政支出占比增速高于地方财政收入占比增速，地方财政支出与收入间的差距不断扩大。地方财政支出收入差与 GDP 之比从 1995 年的 3% 提高到 9.82%，地方财政支出高速增长，地方财政收入未能相应增长，地方政府财政自给率日益降低，地方政府越来越依赖转移支付，以及规范性和稳定性相对不足的债务和土地出让金收入，地方财政的可持续面临压力。

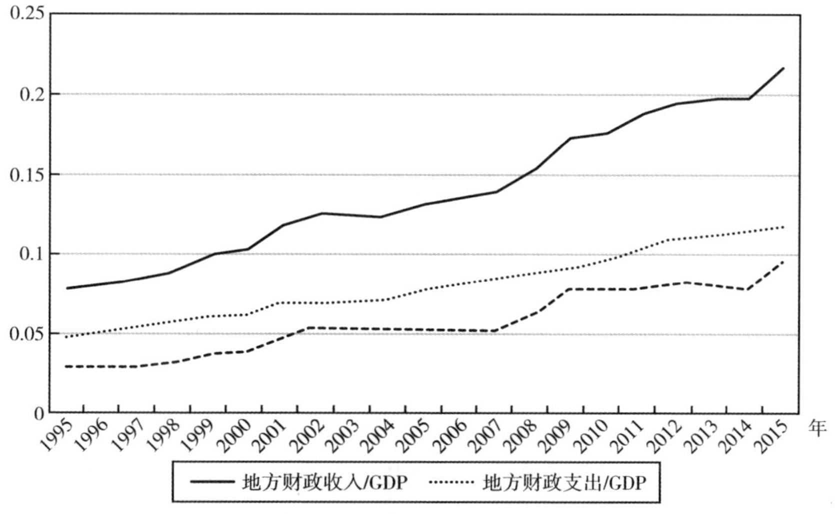

图 3－2　1995—2015 年中国地方财政收支状况

资料来源：《中国统计年鉴》相关数据计算整理。

四、政府间税收划分对地方财政可持续的影响

（一）模型设定与变量说明

前文实证分析显示，我国地方财政呈现出弱可持续性。如前文所述，理

论上看，税收分权对地方财政可持续性的影响具有不确定性，为检验我国税收分权对地方财政可持续的效应，本章建立如下计量模型：

$$FiscalS_{it} = \alpha_0 + \alpha_1 taxdec_{it} + \beta X_{it} + \delta_i + \mu_t + \varepsilon_{it}$$

其中，被解释变量 $FiscalS_{it}$表示地方财政可持续性，根据 Hakkio 和 Rush（1991）的思想，这里用地方一般预算收入和一般预算支出之比衡量。解释变量政府间税收划分或税收分权 $taxdec_{it}$是本章关注的核心解释变量，反映的是特定地区征得的税收在中央和地方间的分配关系。具体而言，$taxdec_{it} = ltax_{it}/ctax_{it}$，分母 $ctax_{it}$为税务机关（含国税局和地税局）在一个地方征得的税收，分子 $ltax_{it}$表示一个地方征得的税收按当时政府间收入划分制度地方政府实际分得的税收。需要说明的是，虽然我国增值税、企业所得税和个人所得税三大税种的税收划分方式实行全国统一的制度，但是由于存在税收分成制度调整、税收返还、税收划分改革中的“存量不变、增量调整”措施、一定时期内实施的按企业隶属关系分配所得税的制度设计等，事实上增值税、企业所得税和个人所得税在中央和地方之间的实际分成比例存在着比较明显的时空差异。

X_{it}为一组控制变量，具体包括地区人均 GDP（万元/人）的自然对数（lpgdp），人口密度（人/平方千米）的自然对数（lpden）；转移支付（ltranp），具体用一般预算支出减去一般预算收入后与一般预算收入之比近似刻画；省份固定效应 δ_i 和年份固定效应 μ_t，分别用于控制难以观测的不随时间变化的地区差异，随时间变化而不随地区变化的宏观经济和政策冲击，采用双向固定效应模型进行分析。被解释变量和解释变量原始数据主要来自《中国统计年鉴》《中国税务年鉴》，样本期间为2000—2015 年。出于数据可比性和可得性的考虑，样本地区不含西藏和港澳台地区。

（二）基本回归分析

基本回归结果在表 3 - 5 的第（1）列至第（3）列显示。在模型回归分析中，我们将控制变量逐步加入和改变解释变量的处理方式进行回归。首先，除我们最关注的解释变量税收分权外，仅以人均 GDP 为控制变量；接着，将人口密度和转移支付变量加入模型；然后，对所有的解释变量取滞后一期，以观测解释变量影响的滞后性，同时也在一定程度上减缓可能出现的反向因果效应。从回归结果来看，不论是控制变量逐步加入，还是将所有被解释变量滞后一期，各变量回归结果前后一致，表明结果比较稳健。

表 3-5　　政府间税收划分对地方财政可持续的影响回归结果

	FE (1)	FE (2)	FE（滞后一期） (3)	IV (4)
taxdec 税收分权	0.1717 *** (3.38)	0.1229 *** (4.04)	0.0836 *** (2.14)	0.5380 *** (4.95)
lpgdp 人均 GDP	0.0481 *** (2.77)	0.0849 *** (6.18)	0.1497 *** (9.54)	0.0571 *** (3.53)
lpden 人口密度		0.3105 *** (10.62)	0.3571 *** (9.54)	0.3446 *** (7.38)
tranp 转移支付		-0.1097 *** (-19.95)	-0.0631 *** (-9.21)	-0.1017 *** (-7.62)
常数项	0.4790 *** (16.25)	-1.0385 *** (-6.53)	-1.3178 *** (-6.46)	-1.462 *** (-5.65)
控制地区	yes	Yes	yes	yes
控制时间	yes	Yes	yes	yes
Wald 统计量				32.53
Hansen 检验 p 值				0.9039
R-sq	0.3614	0.7214	0.7211	0.6324
观测值	480	480	450	480

注：括号内为 t 值，***，** 和 * 分别表示在 1%、5% 和 10% 的水平上显著。

税收分权（*taxdec*）是本章关注的核心解释变量，在第（1）列到第（3）列回归结果中系数都为正，且皆在 1% 的水平上显著，表明税收分权水平的提高可以显著增进地方财政的可持续性。中央和地方间税收划分中，地方分得比例的提高及地方财力自主性的提升，虽然可能加剧地方政府间税收竞争，造成事权和支出责任的下移，在“晋升锦标赛”下，还会助长地方政府的支出扩张冲动。但总体而言，分权带来了地方财力的增加，地方财政收入对财政支出的保障能力提高；同时，地方政府在公共服务提供和税收征收中的信息优势、公共服务提供实验和竞争等，都有助于提升地方公共服务供给效率、降低地方财政支出成本，从而增强地方财政的可持续性。这一结果与已有财政收入分权可以增强地方财政的稳固性（王德祥等，2015）、降低地方财政赤字率（廖红伟和范荣，2014）等研究具有一致性。

就其他控制变量来讲，地方人均 GDP 的提高会显著提升地方财政的可持续性，人均 GDP 的提高意味着地方税源的丰富，在税收分配制度不变的情况下，意味着地方政府可以从征得的税收中分得更多的税收收入，从而有助于增强地方财力和地方财政的可持续性。转移支付变量系数显著为负，表示地方财政转移支付收入的增加会降低地方财政可持续性。转移支付存在"黏蝇纸效应"，会引致地方财政支出的增加（刘畅和马光荣，2015），同时会降低地方的税收努力（付文林和赵永辉，2016），从而抑制地方财政的持续性。

（三）内生性问题

表 3－5 基于固定效应模型对税收分权与地方财政可持续的关系进行了实证分析，发现政府间税收划分中地方分得税收比例的提高可以显著增强地方财政的可持续性。然而，地方财政收支的非平衡和持续性，可能使地方政府加强地方税种的征管力度。中央为增强地方财政可持续性也可能会在税收划分中扩大地方税权和收入占比，从而引起征得的税收中地方占比的提高，造成逆向因果关系和联立性偏误。此外，虽然控制了重要变量、地区固定效应和时间固定效应，遗漏变量的问题可能依然存在。

为解决遗漏变量、联立性偏误等产生的内生性问题可能造成的估计系数偏误，本章采取工具变量法进行估计。2002 年和 2003 年，我国企业所得税、个人所得税进行了两次分成比例调整。《国务院关于印发所得税收入分享改革方案的通知》（国发〔2001〕37 号）规定，改变按企业隶属关系划分所得税收入的办法，除铁路运输、国家邮政、国有银行及政策性银行、海洋石油天然气企业缴纳的所得税外，以 2001 年为基数，其他企业所得税和个人所得税，中央与地方实施增量分成，2002 年中央与地方按五五比例分成，2003

年按六四比例分成。所得税的两次分成比例调整，直接影响征得税收中地方分得的数量和比例，与内生变量（税收分权指标）具有很强的相关性，同时该税收政策相对于被解释变量地方一般预算收入与支出之比具有很好的“外生性”。2002 年之前，地方财政收支比处于下降趋势，如 1997—2001 年，地方财政收支比从 0.66 下降到 0.594；而 2002 年和 2003 年两次所得税划分调整都是中央的财力上收，说明这两次改革并未受地方财政收支的非平衡和持续性的影响，具有较好的外生性。本章以 2002 年和 2003 年所得税的两次分成改革为工具变量，改革前取值 0，改革后取值 1。

表 3 –5 的第（4）列报告了工具变量回归结果，对于工具变量的相关性检验，弱工具变量检验的 Cragg – Donald Wald F 统计值大于显著程度为 10% 的临界值（临界值 =19.93），拒绝存在弱工具变量的原假设，说明不存在弱工具变量问题；工具变量外生性检验中，Hansen 统计量 P 值为 0.9039，接受所有工具变量都是外生的原假设。这表明，本章选取的工具变量在统计上也是有效的。回归结果显示，税收分权系数为正且在 1% 的水平上显著，说明税收分权度的提高会增强地方财政平衡和地方财政可持续性。具体而言，地方税收收入占地方征得税收收入的比重提高 1 个百分点，地方财政收支比将提高 0.54 个百分点，地方财政可持续性增强。其他控制变量的系数符号及显著性与固定效应模型一致。

（四）稳健性与异质性检验

本章根据政府间税收划分的基本内涵，以一地区按分税制规定分得的税收与国地税机关在该地区征得的税收之比来衡量税收分权。我国地方政府的税收包括地方税和共享税，前者全部归地方所有，地方具有征收管理权和有限的税收调整权；后者由中央和地方按规定比例和制度分成共享，中央决定分成比例。地方政府对两类税收的控制力不同，两类税收具有不同的特征，总括性的分权指标可能掩盖两类税收对地方财政影响的差异。为此，我们分别使用地方税收入占从地方征得全部税收收入之比、地方分享的三大共享税收入与地方征得的三大共享税收入之比两个指标分别进行检验。表 3 –6 报告的回归结果表明，无论是固定效应还是工具变量回归，税收分权及政府间收入划分中，地方税和共享税占比的提高都会显著提升地方财政平衡及可持续性。

表 3 – 6　　分税收类别：地方税和共享税

	地方税划分 FE （1）	地方税划分 IV （2）	共享税划分 FE （3）	共享税划分 IV （4）
Taxdec 税收分权	0. 1595 *** （4. 41）	0. 6133 *** （4. 02）	0. 2176 *** （4. 78）	0. 4215 *** （5. 36）
lpgdp 人均 GDP	0. 0852 *** （6. 23）	0. 0284 *** （5. 11）	0. 0817 *** （5. 98）	0. 0376 *** （3. 02）
lpden 人口密度	0. 3258 *** （10. 96）	0. 3620 *** （6. 87）	0. 3113 *** （10. 75）	0. 2681 *** （6. 83）
tranp 转移支付	–0. 1101 *** （ –20. 15）	–0. 1087 *** （ –9. 49）	–0. 1105 *** （ –20. 37）	–0. 1184 *** （ –9. 52）
常数项	–1. 1034 *** （ –6. 83）	–1. 468 *** （ –4. 76）	–1. 0559 *** （ –6. 71）	–0. 9181 *** （ –5. 27）
控制地区	yes	yes	yes	yes
控制时间	yes	yes	yes	yes
Wald 统计量		19. 771		116. 7
Hansen 检验 p 值		0. 7977		0. 9491
R – sq	0. 7160	0. 6032	0. 7214	0. 7157
观测值	480	420	480	480

注：（1）括号内为 t 值，*** 表示在 1% 的水平上显著。（2）第（2）列回归的工具变量为 2003 年税收分成改革变量和滞后两期的内生变量。

在地方政府的税收收入中，增值税、企业所得税和个人所得税三大共享税占据重要位置，2015 年三税种在地方税收收入中占比分别为 16. 14%、15. 15%、5. 5%。这三大税种在中央与地方之间的税收划分比例和方式，一直是政府间税收划分的关键组成部分，且三税种的特征属性不同，其对地方政府产生的激励效应也有所不同。因此，有必要对三大共享税税收划分或分权分别进行分析。

表3－7报告的回归结果显示，企业所得税和个人所得税分权会显著提升地方财政平衡和可持续性，增值税分权系数为正，但在统计上不显著。这一结果与文献的发现基本一致，如Baskaran（2012）基于OECD国家样本数据，发现提高共享税比例可以降低地方政府赤字。所得税和增值税的差异在于：首先，增值税作为价外税、商品税，易于转嫁、可见度低；而纳税人对所得税的税收感知强烈，企业所得税和个人所得税的可见度高，所得税可促使地方政府在支出上更负责，抑制地方政府的支出扩张冲动。其次，企业所得税和个人所得税的税收增长，取决于企业的盈利与个人的收入。所得税分权后，所得税成为地方政府的主要收入来源，有助于促使地方政府改善治理，为企业盈利和居民增收服务，从而有利于地方财政经济持续发展。增值税作为最主要的税种，其分权可以为地方带来大量的收入，增强地方财政支付能力。增值税与企业盈亏和个人收入关联度低，只要企业产生销售，政府都可获得税收。以增值税为主要收入来源，在收入动机下，可能造成地方过度投资和产能过剩，不利于地方财政经济的稳定持续。这使得所得税和增值税对地方财政平衡和可持续的影响存在异质性。这意味着，并非所有税种的分权都能够增进地方财政的可持续性。从增强地方财政可持续角度而言，在税收划分中应考虑不同税种对地方政府的激励，企业所得税和个人所得税具有较高的可见性，且收入的产生以企业盈利、个人增收为条件，它们更适合作为共享税。

表3－7　　具体税种：增值税、企业所得税和个人所得税

	增值税 FE (1)	增值税 IV (2)	企业所得税 FE (3)	企业所得税 IV (4)	个人所得税 FE (5)	个人所得税 IV (6)
Taxdec 税收分权	0.0510 (1.09)	0.0545 (0.38)	0.0627*** (3.23)	0.1674*** (4.99)	0.0633** (2.34)	0.1473*** (5.35)
lpgdp 人均GDP	0.0865*** (6.09)	0.0113*** (2.81)	0.964*** (6.92)	0.0856*** (4.56)	0.0898*** (6.48)	0.0832*** (4.46)
lpden 人口密度	0.2956*** (10.03)	0.1643*** (4.32)	0.2927*** (10.03)	0.2532*** (7.70)	0.3038*** (10.27)	0.3049*** (7.31)

续表

	增值税 FE (1)	增值税 IV (2)	企业所得税 FE (3)	企业所得税 IV (4)	个人所得税 FE (5)	个人所得税 IV (6)
tranp 转移支付	-0.1127*** (-20.34)	-0.1297*** (-11.22)	-0.1137*** (-20.79)	-0.12203*** (-10.28)	-0.1140*** (-20.70)	-0.1172*** (-9.43)
常数项	-0.9032*** (-6.71)	-0.2306 (-1.27)	-0.9099*** (-5.85)	-0.7717*** (-4.88)	-0.9796*** (-6.07)	-1.0506*** (-5.97)
控制地区	Yes	yes	yes	yes	yes	yes
控制时间	Yes	yes	yes	yes	yes	yes
Wald 统计量		43.758		128.69		315.15
Hansen 检验 p 值		0.3226		0.7801		0.9515
R-sq	0.7317	0.6826	0.7360	0.7119	0.7321	0.7325
观测值	480	420	480	480	480	480

注：(1) 括号内为t值，***，** 分别表示在1%、5%的水平上显著。(2) 第(2)列回归的工具变量为2003年税收分成改革变量和滞后两期的内生变量。

五、本章结论与政策建议

（一）研究结论

本章利用1995—2015年我国省际面板数据，采用面板协整方法检验了我国地方财政的可持续性，进一步分析税收分权对地方财政可持续性的作用效应，主要研究结论为：

(1) 地方财政收入与地方财政支出存在协整关系，采用FMOLS和DOLS两方法的估计结果类似，系数约为0.31，且都在1%的水平上通过了检验，且地方财政收支之间存在Granger因果关系。这表明地方财政收入与地方财政支出间存在长期均衡关系，按照Quintos（1995）财政可持续性检验标准，我国地方财政呈现弱可持续性。

（2）总体而言，税收分权有助于增强地方财政的可持续性。在地方税和共享税划分中，提升地方税比例以及共享税中地方财政占比，都有利于地方财政可持续性的提高。就主要共享税税种来讲，增值税、企业所得税和个人所得税三大共享税的划分或分权对地方财政可持续的影响具有明显的异质性，企业所得税和个人所得税分权会显著增强地方财政可持续性，增值税分权对地方财政可持续性影响不显著。增值税和所得税的税收分权对地方财政可持续性的不同效应，主要源于两类税收的不同特征及其内在的激励效应。

（二）政策建议

（1）当前我国财政从“收支双高速增长”阶段进入“支出增速大于收入增速”的新阶段，减收和增支效应叠加，同时经济处于转型升级与结构调整期。外部经济环境不确定性增加，这使地方政府的财政可持续面临压力。我国地方财政呈现弱可持续性，要求我们更加重视地方财政的可持续性，对地方财政可持续性进行监控，强化财政纪律，优化财政资源配置，提高财政支出效率，规范各种形式的政府性债务，防范化解地方财政风险。

（2）调整政府间财政关系，理顺中央与地方间支出责任和收入划分，建立科学合理的财政分权制度，是地方财政可持续的基本制度保障。进行税收分权、下移税权有助于增加地方财政可持续性，但并非所有税种的分权都能够增进地方财政的可持续性，在税收划分中应考虑不同税种对地方政府的激励。企业所得税和个人所得税的可见性高，且收入的产生以企业盈利、个人增收为条件，应继续将其作为共享税，并适当提高地方分享比例。这有助于促进地方政府更负责，抑制地方政府的财政支出扩张，使地方政府注重经济绩效、改善社会经商环境和地方治理，从而有利于地方财政经济的可持续发展。

（3）转移支付会引致地方财政支出的扩张，并降低地方的税收努力，不利于地方财政的可持续。为此，应构建科学规范的转移支付制度，使转移支付的平衡地区财力、均等化公共服务目标与地方财政可持续性激励相容。

（4）制约地方财政可持续的另一深层次原因在于，在长期高速发展下，辖区官员和居民都具有公共服务和经济跨越式发展的内在动机，“晋升锦标赛”下地方政府间存在激烈的经济和财政收支竞争。为此，应改变现行官员绩效考核机制，建立以经济社会可持续发展、居民满意为导向的新考核评价机制，同时优化地方政府收入结构，提高可见性和受益性高的直接税占比（如个人所得税、企业所得税和房地产税），增强辖区居民公共服务消费和税收负担的对应性和匹配度，抑制公共服务的超前供给和公共支出的过度扩张。

第四章

所得税收入划分研究：基于理论、国际经验和税收能力视角

本章内容提要： 所得税收入划分是中央与地方政府间税收划分的重要内容。理论上，在企业所得税和个人所得税立法权集中于中央、全国税制相对统一的情况下，所得税由中央和地方共享，并不与所得税的特点和功能属性相冲突，且有诸多优势。世界主要大国的所得税多采用中央和地方共享模式，并且所得税是许多国家州及以下地方政府的主要收入来源。所得税划分实践与经典的税收划分理论并不一致，税收划分更多是基于国情税情的现实选择。从税收能力和地区分布来看，我国企业所得税和个人所得税具备成为地方政府主要收入来源的潜力。今后我国的所得税划分改革，应坚持将企业所得税和个人所得税作为共享税，并逐步提升省及以下地方政府所得税分享比例。

一、引言与文献回顾

合理划分中央与地方税权，实施分税制是发挥中央和地方两个积极性，实现各级政府事权和支出责任的基本保障，也是现代财政制度的重要内容和客观要求。1994 年分税制改革，在改革税制的基础上，初步建立了规范统一的中央与地方（主要是中央与省）纵向税收划分关系，成为中国经济长达 20 多年高速增长的重要推动力（郭庆旺和吕冰洋，2014）。2016 年全面“营改增”，地方主体税种缺失，作为过渡，国务院制定了适用期为 2—3 年的中央与地方增值税收入划分方案，这使中央和地方税收划分改革显得尤为重要

和迫切。为此，有必要重新审视我国各税种的税收划分。企业所得税和个人所得税是我国两大主要税种，2015 年全国两税收入分别为 27133.87 亿元、8617.27 亿元，占税收总收入的比例分别为 21.72% 和 6.7%。所得税收入划分是我国整个中央与地方税收划分及分税制的重要内容，研究所得税收入划分对于改革完善分税制，建立科学合理、稳定规范的政府间财政关系，优化政府行为激励，促进经济社会健康发展都非常重要。

关于所得税划分，Musgrave（1983）提出了政府间税收划分的六原则，并认为企业所得税适合作为中央税，个人所得税主要归中央，州政府也可以适当征收个人所得税。Anwar（1994）认为，基于收入的考虑，地方政府可以在中央企业所得税基础上征收附加税，但地区间征收的附加税差异应该比较小；考虑到州政府承担再分配职能，以及地方政府公共事务支出需要，个人所得税可以同时归属于中央、州和地方政府，地方政府征收所得税可以采用中央所得税附加的方式。Mclure（1998）认为中央和州都可征收企业所得税，出于管理考虑，州企业所得税应由中央负责管理。个人所得税专属于中央是错误的，个人所得税具有内在稳定器、收入分配和受益性等多种目标特征，基于内在稳定器、收入分配目标的累进个人所得税应由中央专有，州及地方政府可以征收体现公共服务受益性的个人所得税。在征管技术上，州个人所得税可以采取独立的州个人所得税、固定比例分享、附加税等形式。Dahlby（2001）基于全球税收竞争的影响，对州政府的企业所得税提出了疑问。Mclure（2001）认为经济的演进、税收知识的积累影响着税收划分思想，不同国家的税收划分是历史的结果，不存在放之四海而皆准的税收划分模式。企业所得税适合中央，但基于来源和目的地因素对州企业所得税进行的公式化分配，可能减少税收导致的经济活动地区选择的扭曲。累进的个人所得税适合中央或联邦，但并不意味着州和地方政府不能征收体现公共服务受益的个人所得税。Bird（2011）认为按照分权的标准方式，企业所得税应为中央税，个人所得税应由中央和地区（州级）政府共同征收，并采取附加税方式；但事实上许多发展中国家征得的个人所得税都较少，地区政府以附加税形式征收的个人所得税收入实际上会很少。

在国内，关于企业所得税划分，张波（2007）认为中央财政收入占比仍然偏低，在企业所得税共享模式下，总部经济等使企业所得税在地区间转移，分配不公，他主张将企业所得税作为中央税。吕冰洋等（2016）基于市县和企业数据研究认为，企业所得税分成会造成企业实际税率差异化，从而妨害企业间公平竞争，建议改变分成方式。杨卫华和严敏悦（2015）通过与其他税种的比较和分析，认为从收入功能、税源分布、税收征管和经济影响等看，企业所得税应为地方主体税种。关于个人所得税划分，付伯颖（2014）认为，我国个人所得税应选择中央与地方共享模式，具体可以采取附加税的方式且不同地区可有所差异，并逐步实行税率划分法，由地方政府调整或自定税收。郭庆旺和吕冰洋（2014）指出我国个人所得税税率和扣除相对统一对个人流动扭曲很小，调节经济和分配功能弱。从征管便利、受益性、征税激励等出发，建议将个人所得税作为省税，成为省政府的主体税种。已有研究对于认识所得税的归属和改革颇具价值。不同于以往文献，本章从理论、外国做法和税收能力等角度对我国所得税划分进行较为全面的分析。

二、所得税税收划分：理论和国际经验

（一）理论分析

各种税收在不同层级政府间的合理划分问题，即税收划分或分权，是财政分权的重要内容。在理论上，政府征税是为了提供公共服务，各级政府获取税收收入是为了满足本级政府公共服务提供的资金需求。因此，税收在各级政府间的划分依赖于各级政府所承担的事权和支出责任。如果地方政府承担的公共服务责任非常少，所需的收入少，税收划分或分权将比较简单。如果地方政府承担了大量的公共服务供给责任，且地方具有较大的自主性，税收划分将会比较复杂。税收分权或向地方划分税收的不足，会造成财政的纵向非均衡。若地方政府过多依赖转移支付和债务，将出现“预算软预算”的一系列问题；若税收分权或税收划分过分下移，地区间税收能力和公共服务需求的差异，将会造成财政的横向非均衡（Bird，2011）。

对于如何在政府间划分税收，财政学家 Musgrave（1983）提出了税收划分的六原则：（1）中间层级政府，特别是低层级政府，应该对在辖区间流动

性低的税基课税；(2) 具有累进税率的个人税收，应该由能够有效对全球税基征税的那一级政府来使用；(3) 以收入再分配为目标的累进性税，应该由中央政府征收；(4) 适合经济稳定政策目标的税收，应该归中央政府，低层级政府的税收应该具有周期的稳定性；(5) 税基在地区间分布高度不均匀的税收，应该归中央政府；(6) 受益性税收和收费适合于各级政府。

在分权体制下，政府间税收划分的关键在于确定中央以下地方政府的税权和税收，为地方政府公共服务的提供等职能行使提供稳定的资金保障。按照 Musgrave (1983) 税收划分六原则，良好的地方税应具有税基固定、税收充分、税收稳定可预期、税收不易输出、税基可见、征纳高效等特征 (Bahl 和 Bird, 2008)，适合作地方税的税种和税收非常有限。因此，中央以下地方政府须在现有的税种中选择其他税收来源。所得税作为发达国家和发展中国家的主体性税种，能否成为地方政府税收收入的主要来源？企业所得税税基流动性强，且具有周期性，可以作为逆周期调节、稳定经济的政策工具，理论上适合作为中央税；税基、税率等税制要素应由中央确定，并由中央征管，以发挥征管的规模效应。个人所得税，其税收具有周期性，可作为调节经济的工具，其税基流动性强，具有再分配功能和累进的特点，理论上更适合作为中央税。考虑到相对于资本收入，劳动收入的税基流动性较小，州或省政府等地方政府单靠财产税等小税种难以满足地方公共服务支出需要，特别是在中低收入国家，中央征收的个人所得税覆盖范围、累进性和再分配作用都比较有限，州或省政府所承担的再分配职能日趋增加，一些研究者认为州及地方政府也可以征收个人所得税，选择单一税率且地区间不能有太大差异，或者以中央所得税附加的方式，以减少税收对要素流动和资源配置的扭曲 (Musgrave , 1983; Anwar, 1994)。

应该看到，税收划分理论是在公平和效率等政策目标指引下，基于特定税种的特征属性、税种设立和运行的制度条件，以及主要由此决定的税收对企业、个人和政府等主体的激励效应，分析税种在不同层级政府间的不同划分方式所产生的经济、社会和政治等影响，进而概括抽象出来的原则和框架性成果。企业所得税具有周期性强、流动性大、税基宽广等特点，个人所得税具有再分配性强、周期性和流动性强、税基广等特点，理论上归属于中央税更为有效。然而，任何国家实际的税收划分，更多反映在其特定的历史现实下政治协商的结果，而不是任何规范理论简单应用（Bird，2000）。税收划分更多是基于国情税情的权衡选择，而不是税收划分理论原则的生搬硬套。从我国现实来看，在企业所得税和个人所得税立法权集中于中央、全国税制相对统一的情况下，将企业所得税和个人所得税的收入由中央和地方共享，并使省和地方分享较大比例，这并不和所得税的特点和功能属性相冲突。立法权集中于中央政府，地方政府无权调整税率、税基等，全国税制相对统一，不会扭曲企业和个人的行为选择，进而导致资本、劳动等要素在地区间的非正常流动、资源配置扭曲，也不会出现地区间税收差异造成的市场分割；中央政府仍然能够根据宏观经济形势，逆经济周期调整所得税税率、费用扣除等以稳定经济，利用累进的个人所得税调节收入分配。所得税税基宽广，中央政府通过分享所得税收入，为中央政府公共服务提供和宏观经济社会调控提供持续稳定的资金支持。

在我国现实国情下，坚持中央与地方政府共享企业所得税和个人所得税，使企业所得税和个人所得税成为省及以下地方政府的主要收入来源，还有多个优点。其一，我国省及以下地方政府承担着相对较多的事权和支出责任，而房地产税等理论和实践上适合作为地方税的税种数量有限，难以满足地方公共支出需要。地方政府过多依赖转移支付、债务、土地出让金等收入，不仅会产生预算软约束、弱化地方政府责任，还会降低地方公共收入的可预测性，不利于地方预算科学合理编制，从而损害公共支出的法定性和有效性。地方政府共享企业所得税和个人所得税收入，并适当提高共享比例，可以为地方政府提供相对稳定、可预期的收入，弥补地方税收入缺口，避免其他非税收入形式的缺陷。其二，企业所得税和个人所得税具有一定程度的受益税性质，企业绩效、个人收入与企业和个人所在地政府提供的基础设施、教育、科学研究等生产性公共服务紧密相关。在理论上，企业和个人因地方政府提供公共服务而降低生产生活成本、增效增收，地方政府理应分享其缴纳的税收，这符合受益原则。其三，企业所得税和个人所得税的增长取决于企业的盈利与个人的收入，企业绩效高盈利多、个人收入水平高，则地方政府税收多。将企业所得税和个人所得税作为地方政府主体税源，有助于激励地方政府注重经济绩效，减少过度投资和重复建设的冲动，改善营商和生活环境，从而有利于经济增长方式转变和地方治理现代化。其四，将企业所得税和个人所得税作为省及以下地方政府主要税收来源，有助于强化地方政府的征管激励，完善所得税征管配套制度，有效缓解因征管差异造成的所得税实际负担的横向不公，有助于提高直接税占比及优化税制结构。

（二）国外实践

在国外实践中，企业所得税和个人所得税的归属有三种模式：完全归中央政府，完全归地方政府，中央与地方共享。世界主要国家中，除英国、法国和澳大利亚等国家的企业所得税和个人所得税完全归中央所有外，包括中国、美国、日本、德国、俄罗斯和印度等主要大国在内的世界大部分国家都采取的是中央与地方共享模式。

在所得税共享模式下，中央与地方政府所得税划分主要有税额划分法、税率划分法和税基划分法。税额划分法将税收按一定比例在政府间划分，有税收附加和税收分成两种实现形式；税率划分法的主要特点是不同层级政府“同源课税、分率计征”，地方政府有税率调整权；税基划分法是不同层级政府按各自规定的税基征税（付伯颖，2014）。然而，由于现实的复杂性，在实践中企业所得税或个人所得税划分方式，可能并不是单纯属于某一共享划分类别，可能同时具有两种及以上共享划分法。如在美国，州和地方具有比较大的所得税立法权，可自行确定是否征税、选择税基、设定税率。在实际中，州和联邦“同源课税、分率计征”，在具体实现形式上又像附加税，但不同层级政府的所得税税基又有一些差异。在日本，国会立法确定了中央及以下政府征收的所得税税种，地方政府享有部分地方税的解释或减免权，中央及以下不同政府征收的实际属于所得税的具体税种繁多、征收方式多样，使得日本的企业所得税和个人所得税在事实上具有税基划分、税收附加与税率划分等多样的划分方式。

建立地方税收体系的根本目的在于为地方政府履行受托责任、提供公共服务筹集资金，所得税收入在各级政府间的归属和分配关系是所得税分权的关键内容。在世界主要大国，企业所得税和个人所得税都是中央与地方共享税，但在中央和地方之间收入的具体归属存在明显差异。在美国、日本和印度等国家，企业所得税的绝大部分收入归联邦或中央所有，少部分归州及以下地方政府。如表 4 - 1 所示，在样本期，美国、日本和印度的联邦或中央企业所得税占企业所得税总收入的比例分别为 84.66%、70.72% 和 74.20%。然而，在德国和俄罗斯，企业所得税的绝大部分收入归州及以下政府所有。在样本期，德国和俄罗斯州及以下地方政府的企业所得税占比分别为 73.58% 和 81.14%，其中德国企业所得税收入主要归地方政府，俄罗斯企业所得税收入主要归州及以下地方政府。美国和印度个人所得税收入的主体部分归联邦所有，州及以下地方政府所得税占比相对较低。在样本期，美国和印度的联邦个人所得税占个人所得税总收入的比例分别为 80.30% 和 74.02%。在日本，中央个人所得税占个税总收入的比重仍然高于地方，但中央以下地方政府个人所得税占比较高，达到 43.67%；在德国，州和地方个人所得税占比高于中央个税占比，达到 56.55%；在俄罗斯，个人所得税收入几乎全部归地区及以下地方政府，地区及以下地方政府个人所得税占比达到 99.93%。

表 4 - 1　部分主要国家各级政府所得税收入比重　单位：%

税种	三级政府	美国	日本	德国	俄罗斯	印度
		2016 财年	2013 财年	2015 年	2015 年	2015 财年
企业所得税	联邦/中央	84.66	70.72	26.42	18.86	74.20
	州与地方	15.34	29.28	73.58	81.14	25.79
	州级	13.05	18.14	28.55	80.78	25.79
	地方	2.29	11.14	45.03	0.35	—
个人所得税	联邦/中央	80.30	56.33	43.45	0.07	74.02
	州与地方	19.70	43.67	56.55	99.93	25.98
	州级	18.00	18.76	39.80	78.04	25.98
	地方	1.70	24.91	16.75	21.89	—

注：（1）美国数据根据美国政府收入网（http：//www.usgovernmentrevenue.com）数据计算整理。（2）日本数据主要来自《日本统计年鉴 2016》和总务省《地方财政统计年报》。由于日本一些税种同时包括了对公司和个人所得的课征，本章计算中根据企业所得税和个人所得税的性质确定计算范围：中央的企业所得税包括法人税、复兴特别法人税、地方法人特别税，中央的个人所得税包括所得税、复兴特别所得税；都道府县（州级）的企业所得税包括道府县民税对公司课征的部分、事业税对公司课征的部分，都道府县的个人所得税包括道府县民税对个人课征的部分、事业税对个人课征的部分；市町村（地方）的企业所得税和个人所得税分别为市町村民税中对公司和个人所得课征的部分。（3）德国数据根据 OECD 组织网站（https：//data.oecd.org/）计算整理。（4）俄罗斯数据自俄罗斯联邦财政部（http：//www.roskazna.ru/）《政府财政统计报告》。（5）印度数据来自印度财政部（http：//finmin.nic.in/）《印度公共财政统计 2015—2016》，印度邦（州级）税收含邦及以下地方。

从所得税对各级政府的收入支撑力来看，企业所得税和个人所得税是世界许多国家中央以下地方政府的主要收入来源。在德国、比利时、丹麦、芬兰、日本、卢森堡、挪威、瑞典和瑞士，地方政府超过80%的税收收入来自个人和企业所得税（安瓦·沙，2010）。由表4－2可知，在德国，企业所得税是地方政府的主要收入来源，企业所得税在联邦和州政府税收收入中的比重比较低。在俄罗斯，企业所得税是地区（州级）政府收入的主体部分，在联邦和地方政府收入中占比较低。在印度，企业所得税是联邦政府的收入主体，在邦及以下地方政府税收收入中占比较低。在美国，企业所得税在三级政府税收收入中的占比都比较低。企业所得税是日本、德国和俄罗斯等主要国家中央以下地方政府的主要税收来源。在日本，企业所得税是包括中央以下地方政府在内的各级政府税收收入的重要组成部分。在日本、德国和美国，个人所得税既是联邦或中央政府的主要税收来源，也是中央以下地方政府的主体性税收来源。在俄罗斯，个人所得税仅是地区以下地方政府税收收入的主体，联邦个人所得税的规模很小。与俄罗斯相反，印度个人所得税只是联邦政府的主要收入来源。

表4－2　　部分主要国家各级政府所得税收入占本级政府税收收入的比重

单位：%

税种	政府级次	美国	日本	德国	俄罗斯	印度
		2016财年	2013财年	2015年	2015年	2015财年
企业所得税	联邦/中央	9.50	26.74	4.05	5.63	51.16
	州级	3.40	23.79	6.01	36.35	11.26
	地方	1.03	10.48	25.50	0.95	—
个人所得税	联邦/中央	49.05	30.97	37.68	0.02	34.88
	州级	25.52	35.76	47.40	37.02	7.74
	地方	4.21	34.05	53.75	62.73	—

注：（1）资料来源同表4－1。（2）印度邦（州级）税收收入包括邦及以下地方税收收入。

纵观世界主要国家的所得税划分和归属实践，可以发现：世界主要大国的所得税主要采取的是中央和地方共享模式，企业所得税和个人所得税划分实践或实际归属与经典的税收划分理论并不一致；各国所得税的划分更多取决于自身的政治体制、立法和行政权的纵向配置、经济财政制度的历史和现实、社会偏好和地方政府支出责任及治理模式等。德国、日本以及北欧等国家的所得税有较大比例归于中央以下的地方政府，但并未明显造成资源配置的扭曲，也未破坏市场统一和所得税的再分配功能。这也意味着，在课税对象流动性广泛存在、市场流动性普遍加速的背景下，流动性大小并不是决定税收在政府间实际划分的关键。财政分权及税收划分理论提出的所得税划分原则，更多是基于特定的政治、立法和行政制度结构，以及特定的财政与税收分权实践，在其特定的制度情景下具有科学性和合理性。所得税等的政府间税收划分，应参考理论，更应根据自己的制度和现实条件进行制度选择和设计。

三、所得税税收划分：税收能力角度

（一）税收能力测算

税收能力衡量的是在既定税制下一个地区可征得的潜在税收，具有不可观测性。在税收能力测算中，常用方法有“税柄”法（Tax Handles）、代表性税制法（Representative Tax System ，RTS）和投入产出法。“税柄”法采用一系列可能影响税收能力的变量，通过计量回归来估计税收能力。该方法因变量的不同选择会使估计结果有较大差异，同时运用该方法估计出一些地区的税收能力会低于其实际税收，这与实际征得的税收不会高于按照税法规定的潜在税收的现实相悖。代表性税制法通过各地区同类税基与该税基对应的国家统一税率或平均税率相乘得到税收收入来估计税收能力，该方法需要不同税率对应的税基数据，对数据要求比较高，也同样会出现估计的一些地区的税收能力低于其实际税收。投入产出法将税收产生看作投入产出的生产过程，在既定的税制下，投入税基或税源、产生税收，通过构建生产函数估计税收产出前沿或最佳税收产出。该估计方法与税收产生逻辑具有一致性，且最后估计的地区税收能力不会高于其实际税收。该方法在实际运用中主要有基于非参数估计的 DEA 法和基于参数估计的 SFA 方法。

本章同样将税收征收看作一个投入产出过程，采用基于规模报酬可变的

DEA 方法进行估计，在企业所得税税收能力测算中，以国税局和地税局在一个地区征得的企业所得税（单位：亿元）为产出指标，以国民经济核算中的地区营业盈余（单位：亿元）作为税基及投入指标；在个人所得税税收能力测算中，以税务局在一个地区征得的个人所得税（单位：亿元）为产出指标，以地区国民经济核算中的企业营业盈余（单位：亿元）作为税基及投入指标。根据估计出的生产前沿，以各地区既定税基对应的最大产出作为税收能力或税收潜力。本章使用 2012—2015 年 28 个省（区、市，不含港澳台、西藏、北京和上海）数据进行测算。没有纳入北京和上海，是由于我国铁路、邮电通信、金融等企业总部主要在北京和上海，北京和上海总部经济特征明显，使得两地企业所得税和个人所得税的征收具有特殊性。本章原始数据主要来自《中国统计年鉴》《中国税务年鉴》。

从测算结果看，样本省份中的大部分地区的企业所得税能力和个人所得税能力都高于该地区实际征得的企业所得税和个人所得税。考察地区税收能力的重要目的在于，分析税收为辖区政府履行公共服务供给事权和支出责任的保障能力，因而，比较研究人均税收能力更具实际价值。图 4 - 1 和图 4 - 2 分别汇报了 2015 年人均企业所得税税收能力和人均个人所得税税收能力，总体而言，经济更发达的地区人均所得税税收能力也相对更强。

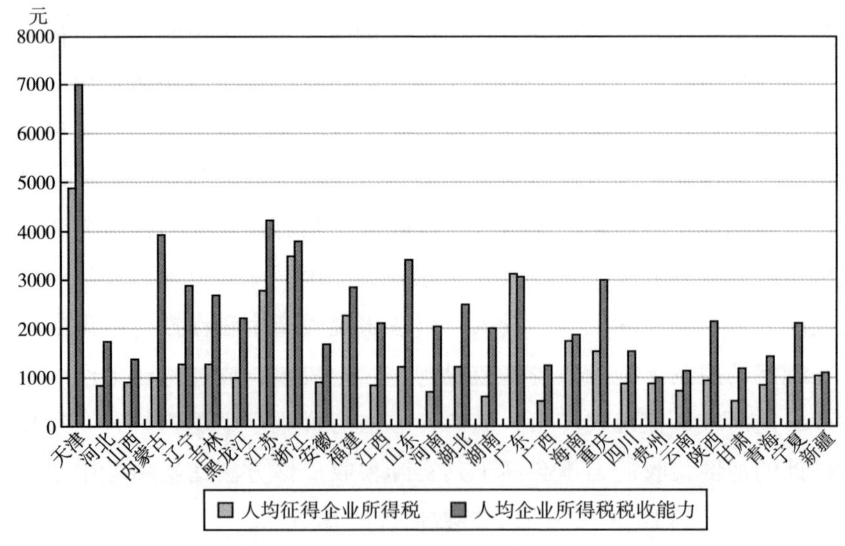

图 4 - 1　2015 年样本省（区、市）人均企业所得税税收能力

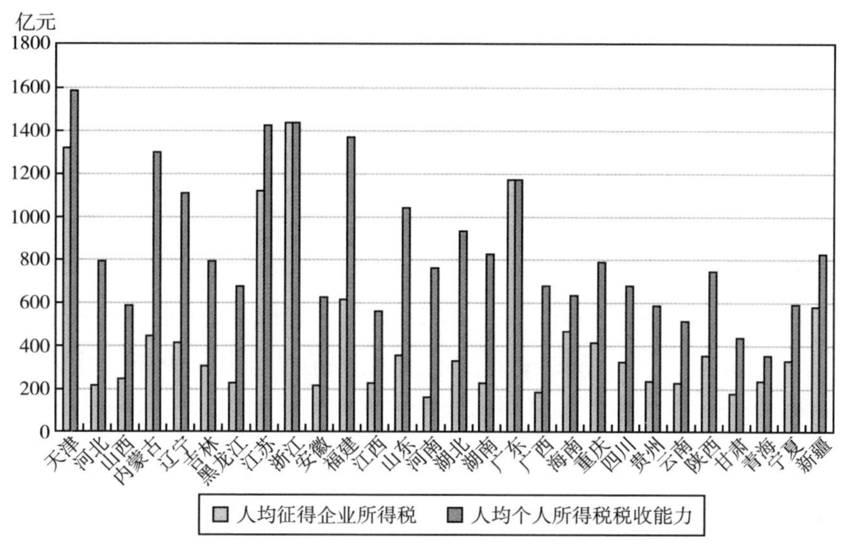

图 4－2　2015 年样本省（区、市）人均个人所得税税收能力

（二）税收划分分析

如上文所述，在理论上，并不排斥企业所得税和个人所得税作为地方政府的主要收入来源。在实践上，企业所得税和个人所得税是美国、日本等主要国家州及以下地方政府税收收入的重要组成部分。在我国特殊的制度背景下，将企业所得税和个人所得税作为中央和地方共享税，并提高地方政府占比，具有明显的积极效应。按现行规定，除铁路总公司、银行总行及海洋石油企业所得税归中央外，其他企业所得税按中央与地方 60∶40 的比例共享。个人所得税，除储蓄存款利息所得个人所得税外，其余部分按中央与地方 60∶40 的比例分享。按现行企业所得税和个人所得税划分方式，2015 年企业所得税地方平均实际税收比为 12.68%，个人所得税地方平均实际税收比为 4.04%①。而增值税和营业税两税收入占样本地区地方税收收入的比例平均为 46.87%，作为货

① 本章中，地方平均实际税收比和地方平均税收能力比为各样本地区的实际税收比、税收能力比的算术平均值。某省企业所得税或个人所得税的实际税收比 =（某省实际分得的企业所得税或个人所得税收入 ÷ 该省地方税收收入）×100%；某省企业所得税或个人所得税的地方税收能力比 =（某省企业所得税或个人所得税税收能力按税收划分方式地方分得的部分 ÷ 该省地方税收收入）×100%。

物劳务税附加的城市维护建设税占比平均为6.11%，除此之外的房产税、资源税、契税等9个小税种，每个税种在各个地区的收入中的占比都非常低。货物劳务税及其附加是地方税收收入的绝对主体。地方税税种数量多，但每个税种规模都比较小，从收入规模或收入能力来看，难以成为地方税主体税种。

从税收能力或潜在的税收能力来看，企业所得税和个人所得税对地方财政有很强的收入保障能力，具备作为地方主体税收收入的潜力。如表4-3所示，以2015年为例，按现行税收划分方式，样本地区企业所得税平均税收能力比为23.8%，个人所得税地方平均税收能力比为8.98%，换言之，各地区可征得的潜在企业所得税和潜在个人所得税按现行所得税划分方式地方分得的收入，分别平均可以达到当年地方实际税收收入的23.8%和8.98%。若按照方案二，将企业所得税和个人所得税的地方分成比例都提高到50%，地方可分得的潜在企业所得税和潜在个人所得税，分别平均可以达到当年地方实际税收收入的30.5%和11.29%。若按照方案三，所得税的地方分成比例提高到60%，地方分得的潜在企业所得税和潜在个人所得税，分别平均可以达到当年地方实际税收收入的36.61%和13.54%。从实际收入或现实的税收收入能力来看，企业所得税和个人所得税地方分成比例的提高，可以较大幅度地增加地方政府税收收入。当所得税地方分成比例提高到50%时，地方的企业所得税收入和个人所得税收入，分别平均可以达到当年地方税收收入的16.34%和5.1%；当地方分成比例提高到60%时，地方的企业所得税收入和个人所得税收入，分别平均可以达到当年地方税收收入的18.87%和5.91%。

表4-3　不同税收划分方式下的所得税地方占比和地区差异

	分配方案	地方平均实际税收比（%）	地方平均税收能力比（%）	地方实际税收比CV	地方税收能力比CV	地方人均实际税收CV	地方人均税收能力CV
企业所得税	方案一：现行划分方式	12.68	23.80	18.95	28.67	66.60	49.16
	方案二：50∶50	16.34	30.50	22.66	29.12	72.30	52.57
	方案三：40∶60	18.87	36.61	22.66	29.12	72.30	52.57

续表

	分配方案	地方平均实际税收比（%）	地方平均税收能力比（%）	地方实际税收比CV	地方税收能力比CV	地方人均实际税收CV	地方人均税收能力CV
个人所得税	方案一：现行划分方式	4.04	8.98	28.06	29.98	76.35	37.21
	方案二：50∶50	5.10	11.29	30.62	29.44	79.81	38.35
	方案三：40∶60	5.91	13.54	30.62	29.44	79.81	38.35

注：（1）2015年数据计算结果，根据28个样本省份数据计算，非全国层面数据计算。（2）由于变异系数（Coefficient of Variation，CV）为相对值，地方实际税收比CV、地方税收能力比CV、地方人均实际税收CV和地方人均税收能力CV在方案二和方案三相同。（3）地方人均实际税收为地方实际分得的企业所得税或个人所得税收入，除以地区人口数；地方人均税收能力为地方企业所得税或个人所得税税收能力按税收划分方式地方分得的部分，除以地区人口数。

理论上，在地区间分布严重不均的税收应作为中央税，共享税的税基和税收在地区间的分布也不能严重不均匀。从所得税的空间状态来讲，按现行所得税中央与地方划分方式，地方企业所得税和个人所得税实际税收比的变异系数分别为18.95和28.06，企业所得税和个人所得税税收能力比的变异系数分别为28.67和29.89。各地区所得税实际税收与当年地方税收收入之比、潜在的税收能力与地方税收收入之比在地区间存在差异，但差异并不大。若提高所得税的地方分成比例，所得税实际税收比和税收能力比的变异系数都有所变大，地区间差异有所扩大，但差异总体上仍然相对有限，所得税可成为各地区地方税收收入的主体收入源。从人均实际税收和人均税收能力的空间分布来看，地方企业所得税和个人所得税人均税收能力的变异系数分别为49.16和37.21，人均实际税收的变异系数分别为66.6和76.35，人均企业所得税和人均个人所得税在地区间有一定差异。若提高所得税的地方分成比例，所得税人均实际税收和人均税收能力的变异系数都有一定的上升，地区间人均所得税差异加大。比较而言，地区间企业所得税和个人所得税的人均税收能力的差距，大幅小于实际税收的地区间差异；样本地区的人均GDP变异系数为38.66，地区间经济差异略高于地方个人所得税人均税收能力，低于地方企业所得税人均税收能力。这表明，虽然地区间人均实际所得税存在较大差异，但从税收能力来看，人均个人所得税和企业所得税的空间分布差距相对来说并不大；企业所得税和个人所得税能够为各地区地方政府公共服务提供等职能的履行提供有力的财力支撑。

四、本章结论与建议

在分权结构中，税收划分是一件很复杂的事情，它会带来关于横向与纵向不平衡的各种问题，税收划分须谨慎从事（拉本德拉，2017）。所得税收入划分是我国整个分税制的重要组成部分，改革优化所得税收入划分是完善分税制，建立科学合理、稳定规范的政府间财政关系的重要一环。在我国企业所得税和个人所得税立法权集中于中央、全国税制相对统一的情况下，所得税由中央和地方共享，并不与所得税的特点和功能属性相冲突，也不会因扭曲企业和个人的行为选择而导致资本、劳动等要素在地区间非正常流动、资源配置扭曲，不会导致地区间过度税收竞争、造成市场分割，同时与发挥所得税内在稳定器和收入分配功能不矛盾。从国际经验来看，世界主要大国的所得税多采用中央和共享模式，所得税是中央以下地方政府的主要收入来源，税收划分更多是基于国情税情的现实选择，而不是直接使用税收划分原则和理论，不存在放之四海而皆准的税收划分模式。从税收能力和地区的空间分布来看，我国企业所得税和个人所得税具备作为主要税收来源的潜力。

在今后所得税划分改革中，应在坚持中央立法、全国税制相对统一的基础上，继续将企业所得税和个人所得税作为共享税，并逐步提高省及以下地方政府分享比例。考虑将中央与地方的企业所得税和个人所得税分配比例调整为40∶60，使所得税成为省以下地方政府的主要收入来源。这有助于弥补地方主体税种的缺失，为省及以下地方政府提供持续稳定的收入，改变地方政府对转移支付、债务、土地出让金等对地方政府行为产生负向激励的收入形态的过度依赖。所得税的受益税性质、税收收入取决于企业盈利和居民收入水平的特征，可以对地方政府行为形成正向激励，促使地方政府注重经济绩效，减少过度投资和重复建设的冲动，改善营商和生活环境，从而有利于经济增长方式转变和地方治理现代化。此外，省及以下地方政府以所得税为主要收入来源，还有助于调动地方政府对所得税征管的激励，提升征管效率、征管公平和直接税占比。针对所得税共享下，企业和个人跨地区经济活动出现的地区间转移、税收输出输入、税源与税收的背离，所引致的地区间税收分配不公问题，对于企业所得税，对跨地区经营企业可采取来源地征税分税原则，先由经营活动地、分支机构所在地税务机关预征，再由总机构汇算清缴，总机构所在地税务机关采取美国和加拿大等国的类似做法，按照人员、资产、销售收入等因素的分配公式在地区间进行分配，最后，各地以最终分配实际的企业所得税税收，再按政府间企业所得税收入划分标准在不同层级政府之间划分；对于个人所得税，考虑到个人所得税为对人征税，个人所得税本质是由缴纳税收的个人创造的，个人享用的主要为居住地的公共服务，如教育、医疗、公共设施、环境等，基于受益标准，应坚持居住地征税分税原则，实行个人所得税在居住地征收和缴纳，其后在中央和个人所在地不同层级政府之间分配。

第五章

增值税收入划分研究

本章内容提要：如何进行增值税划分是当前中央和地方财政关系改革中的重大命题。本章基于增加值标准和消费标准对增值税分配的地区间受益状况测算后发现，基于机构所在地或生产地原则征税分税的增值税横向划分方式，造成增值税横向分配的受益不公。进一步的实证研究发现，在强烈的财政收入激励下，地方政府倾向于发展可以为其带来更多税收的产业和行业，增值税等货物劳务税的划分会显著影响地方产业结构。增值税的划分应考虑其受益结构和对地方政府的激励：在近期，继续将增值税作为共享税，基于消费地原则和均等化原则，按照地区消费、人口等因素对全国征得增值税的地方分享部分在地区间进行分配；在远期，将增值税作为中央税，将零售环节消费税作为地方政府（主要为省级）的主体税种及主要财政收入来源。

一、引　言

当前，中国已进入改革发展的新时代。为决胜全面建成小康社会、建设社会主义现代化强国、实现中华民族伟大复兴，需要深化财税改革，推进财政转型，建立现代财政制度，实现国家治理体系和治理能力的现代化。在多级政府和多级财政架构下，实施分税制，科学合理地划分政府间税收，是现代财政制度的应有之义，也是国家治理体系和治理能力现代化的基本要求。党十九大报告明确指出："建立权责清晰、财力协调、区域均衡的中央和地方财政关系"，"健全地方税体系"。这意味着政府间税收划分改革将成为党的十九大后财税改革的关键内容。2016 年全国国内增值税收入 40712.08 亿元、营业税收入 11501.88 亿元，增值税收入占税收总收入的 31.23%①，为第一大税种。“营改增”后增值税收入占比将进一步提高，2018 年国内增值税占税收总收入的比重为 39.3%，增值税“一税独大”的状况进一步强化。2016 年全面“营改增”，作为过渡，国务院制定了适用期 2—3 年的中央与地方增值税“五五分成”收入划分方案；2019 年 9 月 26 日，《国务院印发实施更大规模减税降费后调整中央与地方收入划分改革推进方案的通知》（国发〔2019〕21 号），决定继续保持增值税收入划分“五五分享”比例不变。如何深入推进第一大税种增值税的收入划分，是今后政府间税收划分改革的关键问题。

关于增值税划分，根据 Masgrave（1983）的税收划分原则，具有经济稳定政策作用的税收应划归中央，低层级政府应该征收具有周期稳定性的税收。国外大多数经济学者也主张增值税应由中央政府征收（Dahlby，2001）。Anwar（1994）认为，增值税征税范围广，在中央层面才具有税收调整的可能性，是潜在的经济稳定工具；由地方征收的话，增值税抵扣和征管比较困难。他主张增值税的税基、税率和征管都归联邦政府。Bird 和 Gendron（1998）基于加拿大的税收实践，认为联邦征收增值税的同时，基于目的地原则，省政府自主征收本省的增值税，在征管和处理跨境贸易问题上都是可行的。Keen 和 Smith（2000）在研究欧盟成员国增值税设计和分配时，提出整合型增值税分配方案，实际是在征管上采取生产地原则，在税收收入分配上采取消费地原则。McLure（2000）提出优化的补偿性增值税方案，联邦在全国征收统一增值税；本州政府对本州内的销售征收增值税；对跨州交易，出口州不征增值税，实施目的地征税原则。补偿性增值税实际采用的仍是消费地征税方式。在国内，谢贞发和李梦佳（2012）基于对生产地原则和消费地原则的比较分析，考虑对地方发展积极性的保护和消费地征税对跨区贸易的不利影响，主张短期内维持现行增值税共享和分成机制，通过转移支付，矫正地区间增值税分配的不合理；在长期，主张在构建地方主体税种的基础上，将增值税变为中央税。朱青（2014）主张将增值税划为中央独享税，并采取德国或西班牙的模式，基于财政均等或消费地原则把部分增值税返还地方。杨

① 根据《中国统计年鉴 2017》计算整理。

帆和刘怡（2014）认为基于生产地原则进行增值税分配会造成地方税收竞争、税源转移和地方财力不平衡，主张建立按消费量、人口、经济发展水平等因素加权确定地区间增值税分配权重，在地区间分配增值税的地方分享部分。吕冰洋等（2015）基于消费地课税原则，提出增值税改革分配的三种思路：一是增值税全部归中央，降低增值税税率，地方开征零售环节销售税；二是增值税在中央和地方按 60∶40 分成，地方分享部分按地区社会消费占全国消费的比例进行分配；三是辖区内销售增值税归地方，辖区外销售增值税归中央。李青和吴珊（2017）认为我国基于生产地原则的“激励导向型”增值税划分机制，造成了地区间财力分配不公，主张建立以地区间财力分配公平为目标的“公平导向型”机制：在纵向划分上先集中后分成，并提高中央分成比例；在横向分配上，基于消费地和均等化原则，考虑将地区实际消费、人口、财力需要、财政能力等多因素加权，以此为依据对增值税地方分成部分进行分配。龚振中和孙文峰（2017）对国际消费地增值税进行比较分析，提出在长期应该使增值税改为中央税，降低税率，并开征归属于地方的零售税。一些研究者基于“营改增”保持中央地方财力格局大致稳定，建议保持增值税中央和地方共享分配模式，适当调整中央和地方分配比例（白彦锋和胡涵，2012；刑树东和陈丽丽，2013；何建堂和徐惠琳，2015）。

关于增值税划分改革，研究者进行了较为丰富的研究，但仍未达成共识。目前提出的改革方案主要有：中央税模式，中央与地方共享、地方间按消费地等原则分配的模式，生产地征收、中央与地方税收分成模式，中央税加零售税模式等。本章在对我国增值税划分的受益分布和激励作用进行分析的基础上，进一步讨论增值税划分改革问题。

二、增值税划分的受益分析

现行增值税划分是以各地税务机关征收的增值税收入在中央与地方间进行分配。税法中关于增值税纳税地点的规定事实上决定了增值税在地区间的横向分配，这使得税收征管权的配置决定着税收收入归属权和税收利益在地区间的分配。根据税法规定，增值税的纳税地点主要是机构所在地、总机构所在地，增值税在地区间的横向分配实际上是基于机构所在地原则[①]。由于企业生产和管理的分离、总部经济等，这一制度使企业生产地，特别是机构所在地政府在增值税划分中处于有利地位，造成地区间增值税分配的不公。

理论上讲，增值税是对增加值征税，按照增加值标准征税分税比较合理，即对各地实际增加值征税，以征得的税收在中央和地方政府间划分，最终确定地方实际得到的增值税。另外一种理论逻辑是，税收会发生转嫁，增值税为价外税、间接税，其税负主要由消费者负担，且消费地政府要为居民提供公共服务，按消费地原则划分增值税收入比较科学合理。

（一）测算方法和数据

本章分别基于增加值标准和消费标准，测算增值税划分的地区间受益分配状况。测算中不考虑地区间征管和税基结构差异，假设相同的增加值或消费产生相同的增值税。基于地方平均增值税分享比例，按照增加值标准或消费标准，地区 i 应得的增值税收入可表示为：

$$SVAT_i = \sum CVAT_i \times \frac{TB_i}{\sum TB_i} \times \frac{\sum RVAT_i}{\sum CVAT_i} = \sum RVAT_i \times \frac{TB_i}{\sum TB_i}$$

其中，$SVAT_i$ 为按照地方平均增值税分享比，地区 i 应得的增值税收入；$CVAT_i$ 为税务机关在地区 i 征得的国内增值税；$RVAT_i$ 表示按当年中央与地方增值税分享方式地区 i 实际分得的增值税；TB_i 为地区 i 的增加值或消费。地区 i 增值税应得收入和实得收入之比 $R_i = SVAT_i / RVAT_i$（简称应得实得比），表示该地区实际得到的增值税是按照增值标准或消费标准应得税收的倍数。地区 i 的增值税划分受益额 $DB_i = RVAT_i - SVAT_i$，$DB_i > 0$ 表示该地区为增值税划分的受益地，$DB_i < 0$ 表示该地区为增值税划分的受损地。

本章使用 2011 年和 2015 年 30 个地区（省、直辖市或自治区，不含西藏和港澳台）数据，地区实际分得的增值税为各省（区、市）一般预算收

① 一些学者将我国现行增值税横向划分概括为基于生产地原则，但由于生产和管理的分离，企业的生产地和注册地、管理机构所在地不少情况下并不一致，根据税法对增值税纳税地点的规定，现行增值税横向分配是基于机构所在地原则更为妥当。

入中的增值税收入（亿元）。按增加值标准测算中，根据增值税征收范围，2011 年增加值采用地区工业和批发零售业增加值之和。随着“营改增”的推进，增值税应税行业扩大，基于增值税实际征收范围，2015 年增加值采用除建筑业、房地产业和住宿与餐饮业之外的第二、第三产业增加值。在按消费标准测算中，一些研究者以社会消费品零售额作为地区消费指标（刘怡、张宁川，2016），但是考虑到社会消费品零售额统计中仅包括实物商品和餐饮服务销售额，不包括属于增值税征税范围的其他一些服务，这里用地区居民消费支出作为消费额指标。本章原始数据来自《中国统计年鉴》《中国税务年鉴》。

（二）测算结果

如图 5－1 所示，基于增加值标准测算，2015 年上海、北京、海南、浙江、广东等地区的增值税应得实得比小于 0.8，这意味着与按增加值标准划分税收相比，现行增值税横向分配模式下这些省（市）多得的税收超过其实际增值税收入的 20%，其中北京和上海多得增值税超过其实际增值税的 55%。河南、湖南、山东、内蒙古、广西、吉林、黑龙江、湖北、河北、福

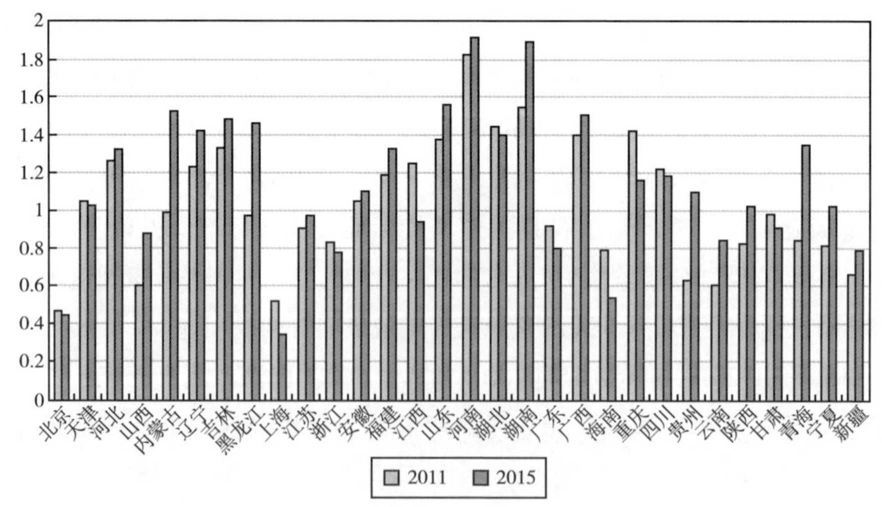

图 5－1　2011 年与 2015 年按增加值标准各地区增值税划分应得实得比

建、青海等地区的增值税应得实得比大于1.2，说明与基于增加值标准进行税收划分相比，现行增值税横向分配模式使这些省（区）少得的税收超过其实际增值税收入的20%，其中河南、湖南、山东、内蒙古、广西等5个地区少得的增值税收入超过其实际增值税收入的50%。

图5-2报告了基于消费标准测算结果，2015年上海、北京、浙江、广东等地区增值税应得实得比最小，这些省（市）多得的税收大都超过其实际增值税收入的20%以上，其中北京和上海多得增值税超过其实际增值税的55%。河南、湖南、黑龙江、广西、青海、贵州、四川、湖北、辽宁、山东、甘肃、云南等省（区）增值税应得实得比大于1.2，这些省份少得的税收超过其实际增值税收入的20%以上，其中河南、湖南、黑龙江、广西等四省（区）少得的增值税收入超过其实际增值税收入的60%。

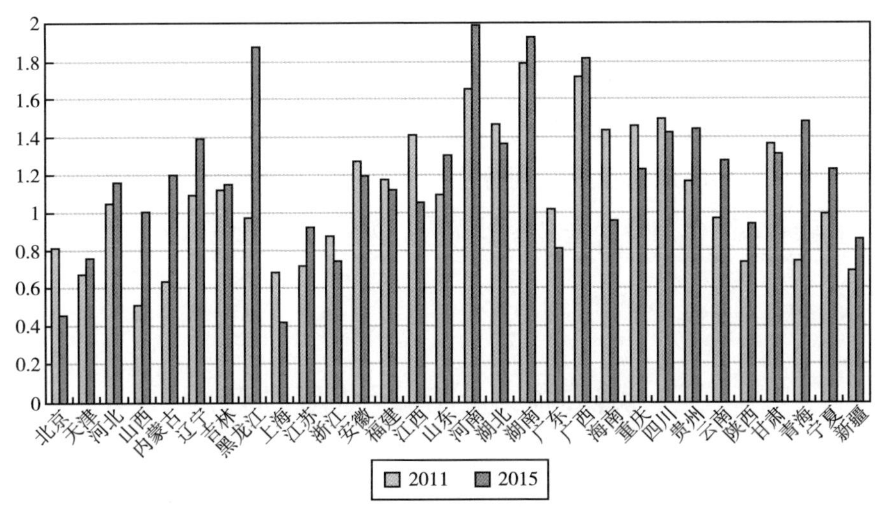

图5-2　2011年和2015年按消费标准各地区增值税划分应得实得比

图5-3报告了基于增加值标准和消费标准各地区的增值税受益或受损规模，无论是基于增加值标准，还是按照消费标准进行测算，上海、北京、广东、浙江等省（市）的增值税受益额都比较大，是现行增值税横向分配制度的主要受益地；而河南、山东、湖南、湖北、辽宁、黑龙江、内蒙古、河北、四川、广西、重庆、云南等地区的增值税受益额为负数，是增值税横向划分的主要利益受损地。

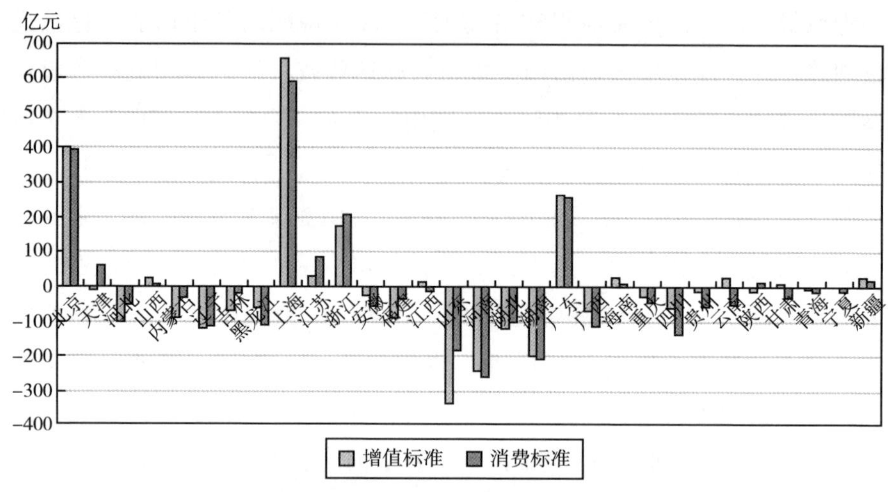

图 5－3　2015 年增加值标准和消费标准各地区增值税划分受益额

由于企业汇总纳税、跨地区经营、生产与管理空间分离、地区间税收竞争等，由机构所在地征税务机关征税、就地分税的增值税横向划分方式，造成省际的税收转移和背离，税收从欠发达地区向发达地区转移，经济发展水平更高的地区在税收划分中受益更多。按机构所在地原则征税分税、形式上公平统一的增值税分配方式，实际运行中存在比较严重的受益不公。

三、增值税划分的产业激励效应

增加财政收入是地方政府的重要目标。一方面，财政收入是地方政府提供基础设施、教育、医疗卫生等公共服务，增进辖区居民满意度的财力保障。根据尼斯坎南（1971）的官僚预算最大化理论，地方政府有动机扩大其支配的预算收支规模，以增进其自身效用。另一方面，地方政府面临激烈的经济增长和城乡建设等竞争与压力，为吸引资本、人才以及为城乡建设提供资金，地方政府表现出强烈的财政收入“饥渴”。在分税制下，不同税种根据其收入归属分为中央税、地方税和共享税，增值税为共享税，营业税为地方税[①]。作为地方政府重要税收来源的增值税和营业税适用于不同的产业或行业，这意味着发展不同的产业或行业，地方政府可以获得的货物劳务税收入不同。在财政收入激励下，地方政府可能更注重给其带来更多税收的产业或行业的发展。为检验增值税划分对产业结构的影响，本章采用面板数据双向固定效应模型进行分析，具体模型如下：

$$industry_{it} = c + \beta \times taxdec_{it} + \theta \times X_{it} + pro_i + year_t + \varepsilon_{it}$$

其中，$industry_{it}$为产业结构变量，下标 i 和 t 分别表示地区（省、直辖市或自治区）和年份；对于产业结构，本章分别用工业增加值占 GDP 比重（*ind*）、建筑与房地产业增加值占 GDP 比重（*cep*）和除房地产之外的第三产业增加值占 GDP 的比重（*nestp*）三个指标来衡量。*taxdec* 为政府间税收划分指标。本章主要考察增值税划分问题，由于增值税和营业税是征税范围互补的商品税，“营改增”后增值税征收范围包括原来征收营业税的行业，为此，我们用地方分得的增值税收入与税务机关在该地区征得的增值税和营业税总收入之比，作为增值税收入划分或增值税分权指标（*vatdec*）；同时以地方营业税收入占税务机关在该地区征得的增值税和营业税总收入的比例，作为营业税划分或营业税分权指标（*btdec*）。在回归中，为了解决可能的逆向因果关系造成的内生性问题，本章将增值税划分和营业税划分这两个核心解释变量值都取滞后一期。

式中，X 为一组控制变量，主要包括取自然对数的地区人均 GDP（*lpgdp*），人口密度的自然对数（*lpopd*），以财政支出与 GDP 之比表示的政府规模（*fexp*），反映地区经济社会开放度的外贸依存度（*open*）。pro_i表示省份固定效应，用以控制不随时间变化的固定因素；$year_t$表示年份固定效应；β 为本章关注的解释变量的估计系数，θ 为控制变量估计系数向量，c 为常数项，ε_{it}是随机误差项。本部分采用 2005—2015 年 30 个省（区、市，不含港澳台和西藏地区）样本数据，原始数据主要来自《中国税务年鉴》《中国统计年鉴》。

① 全面营改增之前，改革试点地区、行业采取改征为增值税收入仍归地方；营改增之后，根据国务院《全面推开营改增试点后调整中央与地方增值税收入划分过渡方案》（国发〔2016〕26 号）文件规定，所有行业增值税收入在中央与地方间采取五五分成。

政府间增值税收入划分对产业结构影响的双向固定效应模型回归结果如表5-1所示。在以工业增加值比重为因变量的回归中，增值税划分变量（*vatdec*）的估计系数显著为正，营业税划分变量（*btdec*）系数显著为负，这说明增值税划分中地方分享比例的提高有助于产业结构中工业比重的提高。在货物劳务税划分中，营业税划归地方、营业税占比高则会降低地区工业比重。在以经济产出中建筑与房地产比重为因变量的回归中，增值税划分变量（*vatdec*）的估计系数显著为负，营业税划分变量（*btdec*）系数显著为正，这表明在增值税划分中地方分享比例的提高会降低产业结构中建筑与房地产比重，营业税划归地方、营业税占比高则会引起经济结构中建筑业和房地产业比重的提高。回归结果可能的内在逻辑在于，工业行业征收的货物劳务税为增值税，建筑和房地产业征收营业税。一方面，增值税地方分成比例的提高意味着发展工业可以为地方带来更多的财税收入。从财政收入看，地方发展建筑和房地产业的机会成本增加，增值税分权会降低地方政府发展建筑和房地产的激励，鼓励地方政府更注重工业发展，这使得增值税分权对产业结构中的工业、建筑与房地产业产生不同的影响。另一方面，除铁道部门、各银行总行、各保险总公司等集中缴纳的营业税之外，营业税为地方收入，货物劳务税划分中地方政府营业税占比高，意味着发展建筑和房地产业可以为地方政府带来更多的财政收入。从财政收入看，地方发展工业的机会成本提高，使得营业税划归地方会激励地方政府发展房地产和建筑等能为地方政府创造更多税收的产业，降低地方政府发展工业的激励。

表5-1　货物劳务税划分对产业结构的影响

	工业（*indp*）		建筑与房地产（*cep*）		除房地产外的三产（*nestp*）	
	(1)	(2)	(3)	(4)	(5)	(6)
常数项	-1.151** (-2.39)	-1.268** (-2.52)	0.244 (-1.20)	-0.271 (-1.39)	0.801** (2.56)	0.800** (2.56)
vatdec	0.243*** (6.65)		-0.079*** (-5.13)		-0.013 (-0.55)	

续表

	工业（indp）		建筑与房地产（cep）		除房地产外的三产（nestp）	
	（1）	（2）	（3）	（4）	（5）	（6）
btdec		-0.133*** （-4.07）		0.089*** （7.02）		0.012 （0.59）
lpgdp	0.245*** （12.45）	0.245*** （11.86）	0.010 （1.20）	0.006 （0.82）	-0.090*** （-7.11）	-0.091*** （-7.12）
lpopd	0.627** （2.20）	0.785** （2.65）	0.217* （1.81）	0.201* （1.74）	-0.257 （-1.39）	-0.262 （-1.43）
fexp	-0.119** （-1.99）	-0.158** （-2.55）	0.040 （1.57）	0.038 （1.58）	0.054 （1.41）	0.055 （1.44）
open	0.099*** （5.11）	0.089*** （4.39）	0.006 （0.67）	0.005 （0.58）	-0.020 （-1.58）	-0.019 （-1.58）
地区	控制	控制	控制	控制	控制	控制
时间	控制	控制	控制	控制	控制	控制
F统计量	34.49	30.00	16.57	19.19	26.39	26.40
R-sq	0.6448	0.6123	0.4659	0.5024	0.5814	0.5815

注：***，**和*分别表示在1%、5%和10%的水平上显著。

以除房地产外的第三产业占比为因变量的回归中，增值税划分变量（*vatdec*）和营业税划分变量（*btdec*）系数分别为负和正，但两者在统计上并不显著，这意味着增值税和营业税划分并不会显著影响第三产业中除房地产之外其他产业的结构变化。可能的原因在于，除房地产之外的批发零售、住宿餐饮、交通仓储邮政、金融等第三产业，这些行业的创税能力及对省以下地方政府的财税贡献和地方经济产出的贡献都比较有限，远不及工业、建筑业和房地产业。

就其他解释变量来看，地区人均产出水平的提高，会促进产业结构中工业比重的上升，同时使除房地产之外的第三产业比重下降；人口密度的提高有助于推动产业结构中工业比重、建筑与房地产业比重的提高；财政支出占地区生产总值比重的提高、政府规模的扩大，不利于制造业发展，会降低工业产出的比重；外贸的发展、经济开放度的提升有助于制造业发展，提升经济结构中工业的比重。

四、关于增值税划分的讨论

关于政府间税收划分，Musgrave（1983）提出了六原则：（1）中间层级政府，特别是低层级政府，应该对在辖区间流动性低的税基课税；（2）具有累进税率的个人税收，应该由能够有效对全球税基征税的那一级政府来使用；（3）以收入再分配为目标的累进税，应该由中央政府征收；（4）适合经济稳定政策目标的税收，应该归中央政府，低层级政府的税收应该具有周期的稳定性；（5）税基在地区间分布高度不均匀的税收，应该归中央政府；（6）受益性税收和收费适合于各级政府。就增值税而言，增值税税率不具有累进性，收入再分配功能非常弱，税收的受益性不明显，与其他税种相比，其税基分布并非不均匀，就此来讲，增值税应该适用于各级政府。增值税源于企业生产经营的增值，企业的经营状况又与宏观经济环境紧密相关，这使增值税具有顺周期性，适合作为经济稳定政策工具。由于企业和资本具有流动性，企业生产和管理空间分离，因而增值税税基具有很强的流动性。除此之外，由于地区间跨境贸易问题，若基于来源地（生产地）原则征收增值税会造成扭曲，若基于目的地原则征收增值税在实践上难以施行（Bird，1999）。从理论上看，增值税更适合作为中央税。

从世界增值税划分实践来看①，增值税在政府间的划分主要有五种模式：模式一，增值税为中央税，收入归属于中央或联邦政府，如英国、意大利、挪威、丹麦等。模式二，增值税为中央或联邦税，基于均等化原则将部分转移支付给地方，如法国、韩国、澳大利亚（称为 Goods and Services Tax，GST）、阿根廷。模式三，增值税由中央与地方共享，在地方分享部分采取

① 这里所说的增值税是基于税制具体设计，而不限于名称，不同国家具体名称可能不同。

消费地原则，或者消费地与均等化原则，如德国、日本（称为 Consumption Tax）①、中国台湾（称为营业税）、西班牙、比利时等。模式四，中央与地方分别征收增值税。如：加拿大联邦征收货物与劳务税（Goods and Services Tax，GST），省级政府征收销售税或零售税，具体形式呈现多样化；巴西联邦在生产环节征收工业产品税，州政府征收商品流通税。模式五，中央与地方共享增值税，基于生产地原则进行征收分配，如中国、部分东欧国家。

理论上讲，增值税作为中央税更为合适；而在实践上，美国没有开征增值税，一些国家或地区将增值税作为中央税，同时有不少国家或地区的增值税由中央和地方共享。一国或地区的增值税征收和分配，更多是基于自身政治、经济和财政的历史与现实做出的选择。从我国现实来看，全面“营改增”后，省及以下地方税主体税种缺失，在短期内还缺乏适合做地方税且在收入能力上能够成为地方主体税的税种。增值税是名副其实的第一大税种，为保证地方政府履行其事权和支出责任，将其作为中央与地方共享税是现实的选择，也难以避免。当前，我国增值税主要是基于机构所在地或生产地进行征收分配，这使得增值税划分存在严重的税源和税收背离：税收从欠发达地区向发达地区转移，经济发展水平更高的地区在税收划分中受益更多，增值税分配受益不公和不平衡问题突出。按机构所在地或生产地进行增值税划分，地方增值税收入的规模主要取决于投资和产出、经济和产业结构。在强烈的财政收入激励下，地方政府会注重招商引资、上项目和扩大产出，倾向于鼓励为地方带来更多增值税的产业和行业的发展，从而助长重投资、轻效益，重数量、轻质量的粗放型增长模式，进而加剧重复建设、产能过剩，造成结构失衡、阻碍结构优化等。

为此，在增值税划分改革中，应基于政府间支出责任和财力分配格局需要、税收体系现状、增值税特征属性、受益的公平合理、对地方政府的激励等进行划分。具体来讲，在近期，继续将增值税作为中央与地方共享税，中央与地方的分配比例短期内仍采用 50∶50 的方式，并根据地方税收体系建设的进展适时调整。在具体分配方式上，改变基于机构所在地或生产地原

① 日本的消费税是对商品和劳务的增值额课征的一种税，属于多阶段增值课税，从税制设计看是典型的增值税。

则，以征缴地征得的税收在中央与征缴地不同层级政府间进行划分的方式，实行国税局征税；征税后地方政府分享的部分，基于消费地原则和均等化原则进行分配，即以全国征得的增值税收入（不含进出口环节增值税）乘以地方分配比例，得出全体地方政府总体应分配的增值税收入；地方增值税总收入在各省（区、市）间分配时，按照赋予不同权重的地区消费、人口等因素，确定各地区在地方增值税总收入中分配的比例，进而确定各地最终应分配的增值税收入。各省（区、市）增值税的地方分配公式如下式所示，其中 w_1 和 w_2 代表各地增值税分配所考虑因素的权重，且 $w_1+w_2=1$：

$$\text{某省增值税收入}=\text{全国增值税}\times\text{地方分享比}\times\left(\frac{\text{该省消费总额}}{\text{全国消费总额}}\times w_1+\frac{\text{该省总人口}}{\text{全国总人口}}\times w_2\right)$$

坚持将增值税由中央和地方共享，并基于消费地和均等化原则进行增值税分配，具有诸多优势。其一，增值税立法权集中于中央，保持全国增值税制度相对统一，有助于维护全国市场统一，防止市场分割，促进地区间要素和商品自由流动，同时还使中央政府保留增值税这一具有宏观经济稳定和调节功能的政策工具，增强中央政府的宏观调控能力。其二，基于消费地原则并适度考虑均等化进行增值税横向分配，可以很大程度上消除地区间税收和税源背离，增强增值税地区间分配的公平正义，缓解地区间财力和基本公共服务供给的不平衡状态，促进经济、社会和政治稳定。其三，以消费地为主，同时考虑均等化等因素进行增值税分配，则一个地方的增值税收入主要取决于居民消费。这有助于激励地方政府改善消费环境、增加居民收入等，改变原有货物劳务税分配方式的激励结构，消解重复建设、产能过剩和产业结构扭曲等问题，推动由高速增长向高质量发展的转变。其四，在基于机构所在地或生产地征收增值税、分配增值税的情况下，不少地方政府采取将企业缴纳增值税地方政府分享部分的一定比例返还企业的方式，展开税收竞争，以招商引资或留住企业。以消费地为主要原则进行增值税征收分配，有助于消除地方政府滥用增值税返还优惠政策进行的引资竞争，促进企业实际税负公平和公平竞争，建立公平有序的市场秩序，发挥市场在资源配置中的决定作用。其五，这一改革方案保持增值税作为共享税不变，立法和征管体制基本稳定，同时也是在“营改增”后保持中央与地方财力格局大致稳定的简便而有效的方法，有利于政府间税收划分改革的平稳运行。

在远期，可将增值税完全作为中央税，并适当调减增值税税率①，同时前移消费税征税环节，实行消费税零售环节征收，扩大消费税征税范围，优化计税方式等，使零售环节消费税作为地方政府（主要为省级）的主体税种，弥补增值税划为中央税后所造成的地方政府收入减少。构建中央政府以增值税为主体税种、省级政府以零售环节消费税为主体税种、市县政府以房地产税为主体税种，企业所得税和个人所得税在中央与地方间共享，各级政府主体税种明确，税收划分规范简洁，激励相容、运行有效的政府间税收划分和分权体制。

五、本章结论

政府间税收划分改革是当前我国财政转型及现代财政制度建设的重要内容。增值税是我国第一大税种，全面“营改增”及增值税划分过渡方案的实施，使增值税划分或分权问题显得尤为重要和迫切。本章基于增加值标准和消费标准对增值税分配的地区间受益状况研究后发现，由机构所在地税务机关征税、就地分税的增值税横向划分方式，造成省际的税收转移和背离，增值税的横向分配总体上呈现出从欠发达地区向发达地区转移的状态，经济发展水平更高的地区在税收划分中受益更多。企业汇总纳税、跨地区经营、生产与管理空间分离、地区间税收竞争等，使基于机构所在地或生产地原则征税分税的增值税分配方式，在实际运行上存在比较严重的受益不公。在强烈的财政收入激励下，地方政府倾向于发展可以为其带来更多税收的产业和行业，增值税等货物劳务税的划分会显著影响地方产业结构。因此，增值税的

① 2017 年 4 月 28 日，《财政部　税务总局关于简并增值税税率有关政策的通知》（财税〔2017〕37 号），将原销售或进口适用 13% 税率的货物，税率调降至 11%。2018 年 4 月 4 日，《财政部　税务总局关于调整增值税税率的通知》（财税〔2018〕32 号），将销售或进口货物原适用 17% 和 11% 税率的，税率分别调整为 16%、10%。2019 年 3 月 20 日，《财政部　税务总局　海关总署关于深化增值税改革有关政策的公告》（财政部　税务总局　海关总署公告 2019 年第 39 号），将销售或进口货物，原适用 16% 税率的，税率调整为 13%；原适用 10% 税率的，税率调整为 9%。

划分改革应考虑其划分和分配的受益分配和激励效应。

在理论上，增值税更合适作为中央税。在实践中，增值税在政府间的划分更多是基于一国政治、经济和财政的历史与现实的权衡选择。增值税划分应基于政府间支出责任和财力分配格局需要、税收体系现状、增值税特征属性、受益的公平合理、对地方政府的激励等统筹设计。在近期，继续将增值税作为中央与地方共享税，改变基于机构所在地或生产地原则征税分税的做法，基于消费地原则和均等化原则，按照地区消费、人口等因素对全国征得的增值税的地方分享部分在地区间进行分配，使增值税分配更为公平合理，增值税划分与经济发展激励相容。在远期，降低增值税税率并将其作为中央税，实行消费税零售环节征收并扩大消费税征税范围，使零售环节消费税成为地方政府（主要为省级）主体税种及主要财政收入来源。

第六章

消费税零售环节征收及收入划分研究

本章内容提要：消费税征收环节后移和收入归属改革是研究者和决策者共同关注的前沿问题。从理论和国际实践来看，消费税可以在生产、批发和零售环节征收，生产和批发环节消费税宜划归中央政府，零售环节消费税可划归地方政府。消费税零售环节征收并归于地方政府可以更好增强消费税凸显性，发挥消费税引导消费和组织收入的作用，促使地方政府改善地方治理，助力健全地方税体系和现代财政制度。对我国消费税零售环节征收的数量测算发现，零售环节征收后，消费税在省际分布变得比较均衡，零售环节消费税具有作为地方税的现实可行性。在改革中，应坚持中央立法，保持全国税制相对统一，以维护全国市场统一，按消费品分步骤、积极稳妥推进，并适当扩大消费税征收范围和零售环节征收。我国零售环节消费税宜作为省级政府专享税，并成为省级政府的主体税种；跨地网络购物零售环节消费税的征收与分配带来的更多是便利，消费税零售环节征收在征管上不是问题。

一、引　言

2019 年 12 月 3 日，《中华人民共和国消费税法（征求意见稿）》（以下简称《征求意见稿》）公开征集意见，消费税改革和立法工作加速。关于消费税改革，2013 年召开的十八届三中全会的《中共中央关于全面深化改革若干重大问题的决定》，提出“调整消费税征收范围、环节、税率，把高耗能、高污染产品及部分高档消费品纳入征收范围”的要求，之后我国对消费税进行了一系列改革，例如：对电池、涂料征收消费税，对超豪华小汽车加征零售环节消费税，取消汽车轮胎和酒精消费税，改革成品油、卷烟、摩托车、化妆品等税率或征收范围等。这些改革对于引导生产和消费、促进节能环保和高质量发展具有重要意义。不难看出，这些改革主要集中于消费税征收范围和税率改革，消费税征收环节改革相对较少。

2019 年 10 月 9 日，国务院印发《实施更大规模减税降费后调整中央与地方收入划分改革推进方案》。该方案提出："后移消费税征收环节并稳步下划地方。按照健全地方税体系改革要求，在征管可控的前提下，将部分在生产（进口）环节征收的现行消费税品目逐步后移至批发或零售环节征收，拓展地方收入来源，引导地方改善消费环境。"《征求意见稿》关于消费征收环节和授权立法的表述，如"纳税人在生产、批发或者零售环节销售应税消费品，应当依照本法规定缴纳消费税"，"国务院可以实施消费税改革试点，调整消费税的税目、税率和征收环节，试点方案报全国人民代表大会常务委员会备案"，进一步显示出决策者改革消费税征收环节，将部分应税消费品改在批发或零售环节征收，作为中央与地方共享收入，或者地方专享收入的改革意图。本次消费税立法工作，着力于将比较成熟的消费税制度上升为法律，以推进税收法定进程；消费税具体品目征收环节后移及其收入归属划分，不在本次消费税立法范围之内，却是消费税立法提出的、下一步消费税改革的重要议题和亟待研究的重要课题。

二、消费税征收环节与收入归属：理论分析和国际经验

（一）征收环节

理论上，商品税的征收环节可以是生产、批发和零售等，甚至可以是具体的消费使用。我们通常讲的消费税非普遍征收的商品税或流转税，如增值税，而是选择性征收的特定商品税。我国现行的消费税、车辆购置税都属于选择性商品税。不同环节征收的消费税的法定纳税人不同，一般而言，生产

和批发环节消费税的法定纳税人为卖方，零售环节消费税的法定纳税人有卖方也有买方。生产批发环节消费税、零售环节消费税分别基于不同的征收和分配原则，前者是生产地原则，后者是消费地原则。

理论上，税收具体在哪个环节征收，主要取决于税收的性质、征管成本、不同征收环节征收的效应差异等。按照经济学理论，在完全竞争、完全信息的情况下，税收具体由谁缴纳、在哪个环节征收不会影响税收的经济社会效果，正如增值税和零售税一样，具有相同效果。但实践中，因征管环节和方式的不同，两种税制实际运用情况大相径庭。超过 150 个国家征收增值税，其中许多国家的税率远远高于 10%，但没有一个国家的零售税税率在 10% 以上，这证明了税收缴款细节问题的重要性（斯莱姆罗德和吉里泽尔，2019）。

消费税，主要是对消费品征收，而不是对生产要素或中间品征收。征收消费税的主要目的在于引导消费行为，调节或抑制特定的消费和生产行为，以内部化特定消费的负外部性（如污染），限制有害品（bad goods）消费（如烟、酒等）和奢侈品消费（如金银首饰、高档手表、游艇等）。税收可见性或凸显性的增强会加大税收对消费者选择产生的影响（Chetty et al.，2009；Goldin 和 Homonoff，2013），零售环节征收可以增强税收的凸显性和消费者的税收感知度，从而更好发挥税收对消费行为的引导作用。陈力朋等（2016）对中国烟草、白酒、化妆品消费税的研究显示，在消费税凸显性较高的情况下，烟草消费者、白酒消费者和化妆品消费者减少消费的行为倾向会更高。此外，高的税收可见性促使消费者在消费选择中优化选择、分配收入，从而增进福利（Goldin，2015）。因此，从更好发挥消费税引导和调节消费、实现设税目的的作用来看，应后移消费税征收环节，使更多消费税品目改为零售环节征收。但是，高的税收可见性会对消费者的消费选择产生更强的影响，可能会造成更多的超额负担或扭曲，从而降低社会福利（Goldin，2015）；消费税改在零售环节征收又会增加征税成本。从这个角度看，不宜实行消费税零售环节征收。由此可见，是否实行消费税零售环节征收是一个利弊综合判断的问题。

从国外消费税征收环节来看（见表 6 - 1），消费税征收环节主要有以下几个特征：其一，在生产、批发和零售环节征收消费税，但主要是在零售和生产环节。其二，在中央和地方同时对应税消费品征收消费税时，中央会选择在生产环节征收，地方会选择在零售环节征收。如美国对烟草和酒课征消费税，联邦在生产环节课征，州在零售环节课征（高阳和李平，2015）。其三，对机动车、奢侈品、特定服务等主要在零售环节或服务提供环节征收，这在很大程度上与征税对象的特征相一致，这样的制度安排也具有征管的可实行性和便利性。

表 6－1　　　部分 OECD 国家消费税性质税收征收环节

征税项目	生产环节	批发环节	零售环节	特定服务环节
烟	美国、澳大利亚、韩国	澳大利亚、日本	美国、以色列、挪威	
酒	美国、澳大利亚、韩国、日本	澳大利亚	美国、以色列、挪威	
能源产品	以色列、澳大利亚、韩国、日本、挪威	澳大利亚	美国、挪威	
机动车	韩国、日本		美国、以色列、澳大利亚、日本、挪威	
奢侈品	韩国		美国、以色列、韩国、挪威	
污染产品	美国、以色列		以色列、挪威	
特定服务				美国、韩国、日本

资料来源：高阳、李平："部分 OECD 国家消费税的特征及借鉴"，《国际税收》，2015 年第 5 期，第 18—24 页。

（二）收入归属

税收划分理论是基于特定税种的特征属性、税种设立和运行的制度条件，具体税种对企业、个人和政府等主体的激励效应，税种在不同层级政府间的不同划分方式所产生的经济、社会和政治等影响，概括抽象出来的原则和框架性成果。关于政府间税收划分，Musgrave（1983）基于公平和效率准则提出了税收划分的基本原则：具有累进性、再分配性的税收应该归中央政府；适合稳定经济的税收应该归中央，低层级政府的税收应该具有周期的稳定性；税基在地区间分布高度不均匀的税收，应该归中央政府；对流动性的生产要素课税，应归中央；以居住为基础的税收，如消费税，应由州或省政府征收；对不流动要素的征税，应由地方政府征收；受益性税收和收费适合于各级政府。财力需要原则和征管效率原则是政府间税收划分的又一准则（Shah，1994）。财力需要原则要求收入方式应该与政府的财力需要尽可能匹配，根据此原则，应将实现特定政策目标的税收工具分配给负责这一公共服务的政府，为此具有累进性的再分配税收、保持经济稳定和具有资源租金性质的税收应划给中央政府；对税基有更多信息的政府应负责该税基的税收征收，比如，中央政府拥有企业所得税征收的国内外信息，地方政府拥有财产税征收价值评估的相关信息，由此，企业所得税应归中央政府，房产税应归地方政府。

消费税的归属同样要考虑消费税的特征属性和征管方式，不同划分方式对个人、企业和不同层级政府行为的激励效应等。如果在生产环节征收消费税，由于消费税收入在地区间分布不均衡，消费税的税收转嫁使税负由生产地向非生产地发生税收输出（tax export），造成消费税收入归属、成本与受益在地区间受益的非平衡、非公平。因此，生产环节消费税应归属于中央政府，而非地方，或者中央与地方共享；生产环节消费税若归属于地方或中央与地方共享，会造成消费税收入归属、成本受益分配的地区间非公平，还可能导致地区间消费税竞争。各地区可能竞相吸引和发展应税消费品生产企业，而这些产品或服务又往往是非鼓励性的商品或服务，这就可能产生与政策目标相悖的税收逆向激励问题。

如果在零售环节征收消费税，税收的缴纳变得更直接，税收凸显性和可感知性提高，可以使消费税引导和调节消费行为的政策效应更好发挥。不仅如此，零售环节消费税的地区间分布会更均匀，消费税在地区间的转移或输出会有效减少。这使零售环节消费税可以归属于地方政府或中央与地方共享，却不会造成地区间税收的过大差距，也不会引发地区间过度税收竞争。汽车、汽油、烟酒等消费税零售环节征收，并归属于地方，还可以使消费与居住地连接，使承担消费负外部性、提供消费相关公共产品和服务的地区，获得特定应税消费品消费税收入，相对而言，更为合理和激励兼容。此外，在推进国家治理体系和治理能力现代化的新时代，消费税零售环节征收，并将零售环节消费税作为地方政府收入来源，保证消费税的可见性、与居住的对应性，还可以使地方政府更加负责，有助于推进地方政府治理现代化。

在表6－2中，Shah（1994）给出了消费税政府间划分建议：烟酒、燃油的消费税中央和地方都可以征收，并分别归属于中央与地方政府；汽车、博彩和其他一般消费税主要由地方政府征收，并归属于实际征收的地方政府。从世界消费税性质税收的收入归属实践看，消费税收入归属主要特点有：其一，消费税多为中央与地方政府共有，中央政府占比总体高于地方政府；其二，不同应税消费品在中央与地方之间归属方式不同；其三，机动车和特定服务等与地方紧密相关的应税消费品或服务的消费税往往归地方政府（国家税务总局税收科学研究所课题组，2015）。

表6－2　　商品税征收的指引

类型	税基	税率	征管
增值税	F	F	F
单一环节销售税	F，S	S，L	F，S，L
营业税（business taxes）	S	S	S
酒与烟消费税	F，S	F，S	F，S
博彩	S，L	S，L	S，L
汽车	S	S	S
燃油	F，S，L	F，S，L	F，S，L
消费税（Excises）	S，L	S，L	S，L

注：F，S和L分别表示联邦、州或省、市县地方。

资料来源：Shah，Anwar. The Reform of Intergovernmental Fiscal Relations in Developing and Emerging Market Economies. The World Bank，1994.

三、消费税零售环节征收的税收测算与地区分布

零售环节征收并划归地方政府是消费税改革重要选择方案。如果一个税种要作为地方税，其在地区间的收入分布应相对均衡；如果一个税种的收入在地区间分布过度集中或集聚，那么该税种仅可为个别地方政府筹集收入，却不能成为具有普遍财政意义的地方税。本部分通过测算消费税零售环节征

收前后在地区间的分布，进一步探讨消费税征收环节后移及作为地方税的合理性。按照税收特征属性，车辆购置税也属于消费税，故下文在测算过程中，将当前在零售环节征收的车辆购置税加入实际消费税收入和估算的消费税收入中进行分析。

（一）测量方法与数据说明

根据《中国税务年鉴2017》可知，2016年我国国内消费税约11033.35亿元，其中卷烟、白酒、成品油和汽车等应税消费品消费税约占消费税总额的98%，车辆购置税约2674.16亿元，消费税和车辆购置税两者之和约占全国税收总额的9.11%。基于数据可得性和行业消费税占比的考虑，本章使用2016年相关数据，测算我国大陆地区除西藏以外的30个省（区、市），卷烟、白酒、成品油和汽车等四类应税消费品的消费税零售环节征收时的预计消费税额，再根据其占比估测所有应税消费品消费税零售环节征收时的潜在消费税数额。

1. 卷烟消费税零售环节征收潜在税收估算

各地卷烟消费税零售环节征收的潜在税收=各地卷烟从量税税额+各地卷烟从价税税额=各地烟草专卖局的销售支数×0.003元/支+各地烟草专卖局的销售收入÷(1+17%)×46.42%。各省卷烟销售数量与收入来源于《中国烟草年鉴2017》。由于无从得知一至五类卷烟各自的价格和销售收入，对于卷烟消费税税率，本章按照销售额进行加权平均，加权平均税率为46.42%，从量税额0.003元/支。

2. 白酒消费税零售环节征收潜在税收估算

各省的白酒零售数据，根据各省2017年的统计年鉴中的人均白酒消费量、人均白酒支出和《中国统计年鉴2017》中的各省2016年年末人口数计算得出，单位换算时白酒密度取平均值0.9146克/毫升，白酒的从价税率为20%，从量税额为0.5元/升。个别省份的人均白酒支出数据缺失，则利用各省已有数据估算出全国平均酒价，即全国平均酒价 $=\sum$ 各省白酒消费支出 $\div\sum$ 各省白酒消费量，再以全国平均酒价与相关地区白酒消费量相乘得出地区白酒支出。

各地白酒消费税零售环节征收的潜在税收 = 各地白酒从量税税额 + 各地白酒从价税税额 = 各地白酒人均消费量 × 各地区 2016 年年末人口数 × 0.5 元/升 + 各地人均白酒支出 × 各地区 2016 年年末人口数 ÷ (1 + 17%) × 20%

3. 成品油消费税零售环节征收潜在税收估算

消费税税目中成品油子税目较多，本章选择税收份额占绝对主体的汽油和柴油进行测量。汽油、柴油消耗量数据直接来源于《中国经济与社会发展统计数据库》，单位换算时汽油密度取 0.737 克/毫升，柴油密度取 0.855 克/毫升，汽油的从量税额为 1.52 元/升，柴油的从量税额为 1.2 元/升。零售环节汽油消费税和柴油消费税的估计方法如下：

各地汽油潜在消费税收入 = 各地汽油消费数量 × 1.52 元/升

各地柴油潜在消费税收入 = 各地柴油消费数量 × 1.2 元/升

4. 小汽车消费税零售环节征收潜在税收估算

各地区汽车销售额，由《中国税务年鉴 2017》中各省的车辆购置税税额进行倒推估算。由于无法获取各类别的消费数据，本章测算中消费税比例税率选用气缸容量在 1.0 升至 1.5 升（含 1.5 升）的乘用车消费税税率 3%。零售环节汽车消费税的估计方法如下：各地小汽车消费税零售环节征收的潜在税收 = 各地汽车不含税销售收入 × 3% = 各地车辆购置税 ÷ 10% × 3%。

至于各地区的潜在消费税总额，则将上述各个税目的潜在消费税收入加总并除以四类应税消费品消费税在现行消费税收入中的占比 98% 得出，具体计算公式为：各地区潜在消费税 = (各地卷烟消费税零售环节征收的潜在税收 + 各地白酒消费税零售环节征收的潜在税收 + 各地汽油消费税零售环节征收的潜在税收 + 各地柴油消费税零售环节征收的潜在税收 + 各地小汽车消费税零售环节征收的潜在税收) ÷ 98% + 各地区车辆购置税。

（二）消费税零售环节征收测算结果

基于上述方法，本章测算出了在消费税零售环节征收时，2016 年各地区预计可征得的消费税，即潜在消费税。测算结果显示，消费税零售环节征收时，2016 年 30 个地区潜在消费税为 15020.96 亿元，当年消费税和车辆购置税实际数额为 13703.10 亿元，前者高出后者 1325.08 亿元①。图 6 - 1 展示了 2016 年在各地区实际征得的国内消费税（含车辆购置税）（以下简称实际消费税）和消费税零售环节征收时各地区预计可征得的潜在消费税（含车辆购置税）（以下简称潜在消费税）。从图 6 - 1 可以看出，上海、云南、天津、辽宁、吉林等地区，按照消费地征税原则，消费税零售环节征收后，消费税的税额有不同幅度的减少，而四川、河南、广东、山东、河北、江西、浙江、安徽、山西、内蒙古、福建、重庆、贵州等地区，消费税的税额有不同幅度的增加。消费税在生产和批发环节征收时，由于应税消费品的生产比较集中，消费税的征收也比较集中，出现消费税由消费地向生产地流动的问题。零售环节征收后，这种税收输入输出的问题一定程度上得到解决。

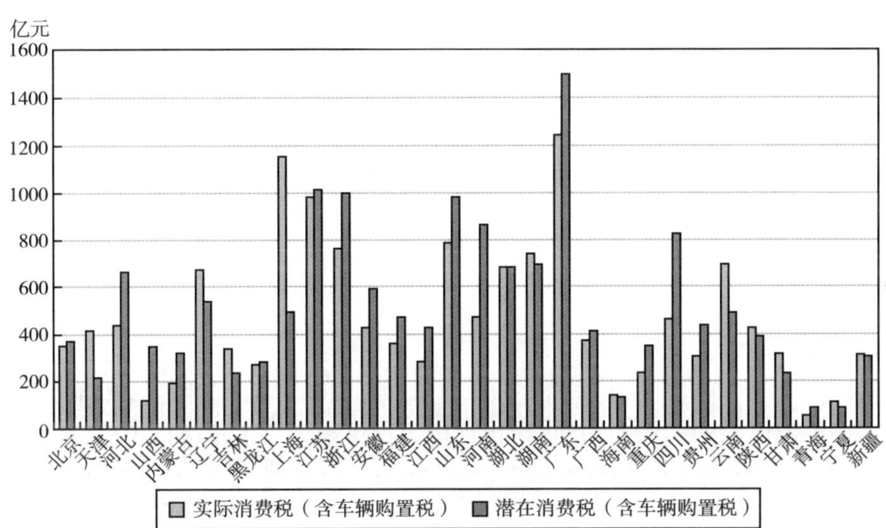

图 6 - 1 各地实际消费税与消费税零售环节征收时潜在消费税（2016 年）

注：（1）实际消费税是 2016 年各地区实际征得的消费税和车辆购置税。（2）潜在消费税指的是，在消费税零售环节征收时，测算出的 2016 年各地区预计可征得的消费税与当年车辆购置税之和。

资料来源：作者测算而得。

① 2016 年 30 个省（区、市）国内消费税（不含车辆购置税）合计 11028.94 亿元，消费税零售环节征收时，不含车辆购置税的潜在消费税为 12354.03 亿元。零售环节征收时，国内消费税税收预计值比实际值高出 1325.08 亿元。

从地区间消费税变异系数看，实际消费税变异系数为65.65，零售环节征收后潜在消费税变异系数为64.04，有所下降。需要注意的是，不管是实际消费税还是潜在消费税，地区绝对值会受到地区经济和人口规模的较大影响。为更好地考察消费税零售环节征收对地区消费税的分布影响，我们进一步计算地区实际人均消费税和地区潜在人均消费税。从图6-2可见，消费税零售环节征收后，潜在人均消费税在地区间的差异明显减小，零售环节征收后潜在人均消费税变异系数为26.02，比主要在生产环节征收时的实际人均消费税变异系数（71.47）大幅下降。消费税零售环节征收时，不同地区人均可征得的消费税变得相对平衡，这一结论与蒋云赟和钟媛媛（2018）的研究相一致。从税收收入在地区间的分布来看，消费税零售环节征收可以为大多数地区提供稳定的收入，消费税具有充当地方税的可行性。

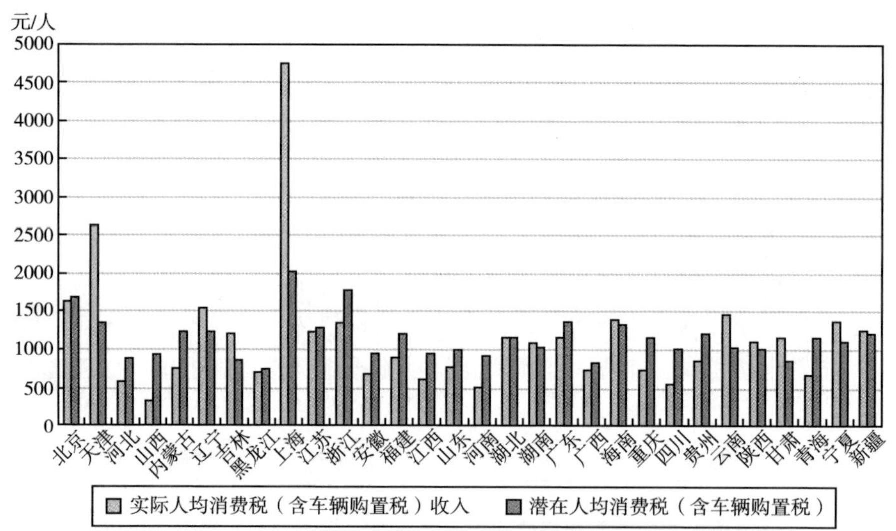

图6-2 各地人均实际消费税与消费税零售环节征收时人均潜在消费税（2016年）

注：（1）人均实际消费税指的是，2016年从各地区实际征得的消费税和车辆购置税，与当年该地区人口之比。（2）潜在人均消费税，指在消费税零售环节征收时，测算出的2016年各地区预计可征得的消费税和车辆购置税与当年该地区人口之比。

资料来源：作者测算而得。

前文表明，从理论和税收地区间分布来看，消费税零售环节征收时消费税适宜作为地方税。那么，当消费税零售环节征收并作为地方税时，其对地方财政的保障程度如何？从消费税与地方税收入之比来看（见图6－3），2016年全国国内消费税和车辆购置税合计12891.39亿元，当年地方税收收入为64691.69亿元，两税收入达到当年地方税收收入的19.93%。2016年，30个地区的实际消费税与地方税收收入之比的均值为26.24%，消费税零售环节征收后，各地区潜在消费税与地方税收收入之比的均值提高到28.38%，这表明若消费税零售环节征收并划归地方政府，可以成为地方政府财政收入的主要来源之一。从消费税与地方税收入之比的变异系数看，实际消费税与地方税收收入之比的变异系数为47.26，消费税零售环节征收时，潜在消费税与地方税收收入之比的变异系数降低为32.81，这说明，消费税零售环节征收时，消费税对地方财政的保证能力在地区间的差异缩小。总而言之，从消费税收入的地区间分布看，零

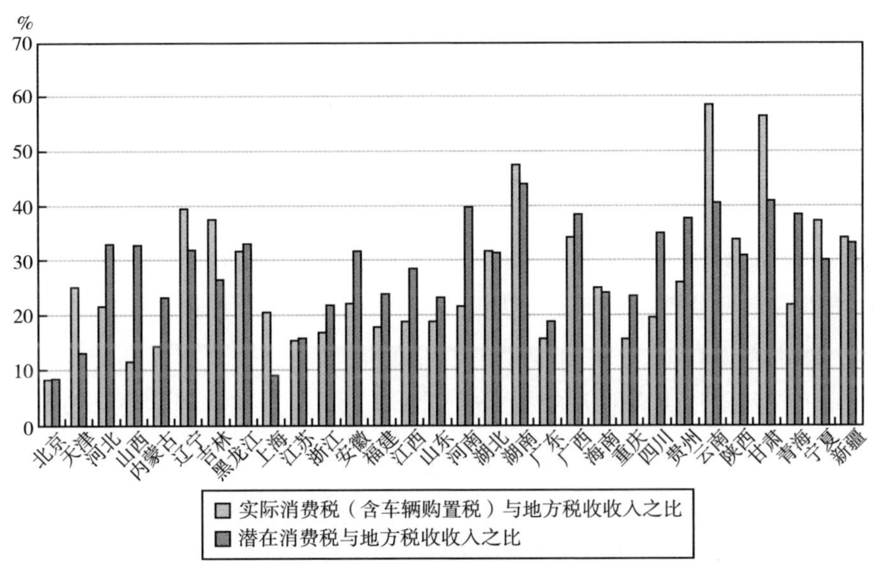

图6－3 各地消费税与地方税收收入之比（2016年）

注释：（1）实际消费税是2016年从各地区实际的征得消费税（含车辆购置税）。（2）地方税收收入为2016年各地方财政收入中的税收收入，即按现行分税制安排，各地区实际分得的税收收入（含地方税专享收入、共享税分享收入）。（3）潜在消费税是消费税零售环节征收时，测算出的2016年各地区预计可征得的消费税（含车辆购置税）。

资料来源：作者测算而得。

售环节征收时，消费税适宜作为地方税，并可成为地方财政收入的重要来源。

四、消费税零售环节征收及收入归属的政策选择

（一）消费税零售环节征收与归属划分的思路

从现实情况看，从税收分布、税收输出、税收竞争及税收征管来看，生产乃至批发环节消费税宜作为中央税，不宜作为地方税或共享税。消费税零售环节征收，是消费税划归地方政府的前提。从理论逻辑上看，消费税零售环节征收，可以更好发挥消费税引导消费行为、组织收入、实现消费税职能的作用，增强消费税的凸显性和可见性，促进地方政府的负责性，助推地方政府治理现代化，有助于健全地方税体系，建立现代财政制度。因此，后移消费税征收环节，逐步推进消费税零售环节征收，并将零售环节消费税划归地方政府，具有现实的必要性和重要性。

在消费税零售环节征收及收入划分的具体改革中：其一，根据现行消费税应税消费品的特征属性、消费与居住地的连接和对应性（如消费负外部性的地方性、消费使用公共服务的地方性），积极稳妥地推进消费税零售环节征收，逐步将现有 15 个税目应税消费品的消费税都改为零售环节征收，并归地方政府，使其成为地方政府的重要财源。其二，消费税零售环节征收改革，应坚持中央立法，具体由国务院组织在全国范围分消费品税目逐步推进，而不宜采用地区试点方式。其三，中国为单一制国家，为保持全国税收法律制度的统一，维护全国市场统一，避免消费税地区间税率差异而增加的市场交易成本和经济社会运行成本，零售环节消费税的税目、税率、征税范围、计税方式、税收优惠等应坚持全国统一。此外，根据经济社会发展的需要，国务院可以规定免征或减征消费税，报全国人大常委会备案。其四，在改革步骤上，考虑到卷烟、成品油消费税规模最大，如 2015 年两税目消费

税占消费税总额的78.3%[①]，为增强改革的稳健性，在改革中可先改革汽车、摩托车、金银首饰等应税消费品，改革和征管积累一定经验后，再将卷烟和成品油消费税改为零售环节征收且归地方政府。其五，从现实情况来看，我国消费税为混合型消费税[②]，现行车辆购置税实际上是零售环节征收的消费税性质税种。在小汽车消费税改革中：第一步，先将消费税中小汽车税目消费税改为零售环节征收，保持对超豪华小汽车在零售环节征收的消费税保持不变，并将两者收入都归地方政府；第二步，在零售环节小汽车消费税运行稳定后，择机将其与零售环节征收的车辆购置税合并，征收新的零售环节消费税，并保持改革前后的小汽车消费税税负大体相当。其六，实施消费税扩围，将更多的奢侈商品和服务、高能耗或高污染的商品纳入征税范围，例如高档箱包、高档服装、别墅、高档家具、高档酒店、高档俱乐部（如高尔夫球场、高档会所）、一次性包装物、高能耗家电等，使高收入高消费群体和具有较大负外部性的消费负担更多税收（刘元生和李建军，2019），并实施零售环节征收且划给地方政府。

（二）消费税零售环节征收几个疑问的分析

1. 零售环节消费税应归省级政府还是市县级政府，抑或中央与地方共享

如前所述，理论上，相对于生产批发环节消费税，从税收分布、税收竞争、税收收益与公共服务供给成本匹配、地方治理等多方面看，零售环节消费税更适宜划归地方政府。虽然零售环节消费税并不排斥划归中央政府或中央与地方共享，但由于在整个税收体系中，适宜作为地方税且具有较强收入能力的税种非常有限[③]，零售环节消费税是为数不多的税种之一。因此，在

---

① 《中国税务年鉴2016》。

② 消费税征收模式有三类：一是综合型征收模式，即设置消费税税种，具体下设不同税目对应税消费品征税；二是分立型征收模式，即不设统一的消费税税种，每个应税消费品一个税目；三是混合型征收模式，即既有综合的消费税税种，又对特定应税消费品单独设立税种。

③ 对居民直接征收的单一环节零售税（single - stage sales tax）和一些消费税（零售环节）是可接受的地区消费税收；然而，在世界范围内，多阶段征收的增值税对单一环节销售税的替代，使得地区政府在税收分配中的空间被大幅挤压（Bird，2012）。

健全地方税体系和推动地方治理现代化过程中，将零售环节消费税划归地方是现实的选择。零售环节消费税应划归地方政府，具体实践中可划归省级政府，其原因在于，当前我国交通和物流极为便捷，邻近市（县）之间人员经济和生活活动紧密，零售环节消费税划归市县可能造成消费税市（县）际过多的非合理输入输出，并在中心城市对周边市县消费产生虹吸效应，可能造成零售环节消费税向地区中心城市过于聚集，产生税收横向分配的不公。而在全国消费税制相对统一的情况下，将零售环节消费税划归省级政府，很大程度上可以避免或大幅缓解消费税在地区间的输入输出、横向分配不公。

2. 零售环节征收的消费税能否成为地方主体税种

地方主体税种的构建成为地方税理论和政策研究的热议问题。一个税种要成为地方主体税种需要满足两个条件：一是该税种的特征属性适合作为地方税；二是该税种要为地方政府筹集足够多的收入，成为地方政府（主要是省级政府）的主要收入来源。关于第一个条件，前文分析表明零售环节消费税在税收特征属性上可以作为地方税。就筹集收入能力而言，前文基于2016年的数据测算显示，消费税零售环节征收后，潜在消费税与地方税收收入之比的均值为28.38%；2018年现行国内消费税及车辆购置税两税合计14084.28亿元，占当年全国税收收入的9%，两税收入额是地方税收收入（省及以下）的18.54%，按照省级税收收入占省以下地方税收收入的20%测算（李文，2014），两税收入额可以达到省级政府税收收入的92.71%。从逻辑上看，消费税零售环节征收，零售环节消费税（含车辆购置税）税额不会低于改革前，这使归属于省级地方政府的零售环节消费税，完全可以成为省级政府的主体税种。同时，就地方政府（省及以下）税收整体来讲，零售环节消费税也可成为地方政府税收收入的主要来源。

3. 消费税零售环节征收在征管上是否可行

与零售环节征税相比，在生产和批发环节征税更简单便捷，消费税零售环节征收对税收征管提出了更高的要求，为此，在现实中还存在我国税收征管水平能否满足零售环节消费税征收要求的担忧。事实上，虽然长期以来我国商品税的征收主要在生产环节，但中国税务机关完全具备消费税零售环节征收的能力和条件：其一，2016 年金税三期上线，纳税人及第三方涉税信息报告更为全面和便捷，涉税信息处理和分析能力大幅提升，税收征管的信息化达到新的高度，具有很强的信息征税、技术征税的能力和潜力。其二，我国数字经济高度发展，电子支付普遍使用，电子支付能够记录全面详细的购买“痕迹”信息，为消费税零售环节征收提供了有利的条件。其三，2018 年国地税合并，税收征管体制、机制和资源配置得到优化，构建了统一高效的税收征管体系，为消费税零售环节提供了有力的组织和体制保障。其四，在我国消费税及消费税性质税收的征收实践中，车辆购置税和金银首饰消费税都在零售环节征收，也积累了一定的零售环节消费税征收经验；同时，世界的一些国家和地区，在长期的零售环节征收销售税（sales tax）和消费税（excise tax）征管中积累了丰富的经验：这些都为我国零售环节消费税的征收提供了有益参考。

4. 跨地电子或网络购物零售环节消费税征收与分配

近年来，我国数字经济、数字科技高速发展，电子商务超高速发展，电子或网络购物成为个人消费的重要途径。根据《中国电子商务发展报告（2018—2019）》，2018 中国电商交易总额 31.63 万亿元，2019 上半年实物商品网上零售额占社会消费品零售总额的 19.6%[①]。不同于基于实体商家的传统零售方式，电子或网络零售中一项零售活动往往具有多主体参与、跨区域协作的特点。如应税消费品为高档化妆品的淘宝天猫店，销售化妆品时至少同时有淘宝平台、店家、物流公司、消费者等四个主体参与，四个主体可能位于不同的地区，无论是按照生产地原则，还是按照消费地原则课税，都要求有税收征管权的特定地区税务机关与其他地区税务机关协作，要求纳税人和其他销售活动相关方报告信息、履行征管协助义务。由于网络销售中，卖方和买方（含买方所在地）都有确切的记录，还可以有效避免传统零售中跨地区（跨省）购物时，零售环节征税实际上由销售地政府征收而非消费地政府征收，造成税负输出和背离问题。零售环节消费税的法定纳税人为消费者，并采取价税分计分列的方式。在网络购物零售环节消费税具体征收中，

① http://finance.sina.com.cn/roll/2019-09-09/doc-iicezueu4496502.shtml.

消费者通过交易平台（如淘宝、京东等）购买应税消费品时，利用支付平台（如第三方支付等）支付价款和税款，在线交易平台、支付平台利用信息技术手段都可以有效记录商品交易信息和买方信息，借助信息技术和交易相关信息，可以自动计算网络交易中各地（省）消费者支付的各应税消费品消费税金额，据此向各地（省）金库分配相应的消费税。需要强调的是，信息技术、网络购物、电子支付等的迅猛发展，为跨地网络购物零售环节消费税的征收与分配带来的更多是便捷和低成本，而不是无法解决的难题。

第七章

房地产税改革及其成为地方主体税种的可行性研究

本章内容提要：在经济增速相对放缓和减税降费改革双重减收效应叠加，财政收入由高速增长期进入中低速增长期，而财政支出呈刚性增长的情形下，地方财政可持续性问题显得异常重要。房地产税是理论上良好的地方税，房地产税可通过财力机制、责任机制和价格机制增强地方财政的可持续性。在对房地产税征收的法理依据、功能定位、课税范围与税基选择、减免扣除、税率和征管权配置等进行讨论设计的基础上，本章测算了三种方案下房地产税的预计收入规模，分别可达2017年县市地方税收收入的15.17%、21.32%和27.46%，在全国总量上房地产税具有成为县级地方政府主体税种的潜力。但是，房地产税税基在县域之间分布极不均衡，在一二线城市，房地产税可以为区县带来可观的税收；在广大的非一二线城市，房地产税税基小、居民税收支付能力弱，房地产税为区县带来的税收非常有限。在短期内，房地产税还难以成为各区县级地方政府的主体税种。基于房地产税的重要性和复杂性，房地产税改革要着眼长远，采取“小步慢走、渐进推进”的策略，经过10余年的发展，逐渐成为区县级地方政府的重要收入来源。

一、引言：地方财政可持续要求房地产税改革

经过几十年的高速增长，中国经济由高速增长阶段转向高质量发展阶段，正处在转变发展方式、优化经济结构、转换增长动能的攻关期。为推动

经济可持续增长和高质量发展、降低成本、激发经济活力，近年我国实施一系列大规模的减税降费改革，如全面“营改增”、扩大小微企业税收优惠、提高企业研发支出加计扣除比例、降低增值税税率、提高个人所得税免征额并增加六项专项附加扣除、降低社会保险费率等。经济增长相对放缓，加之减税降费改革，我国财政收入由高速或超高速增长期进入中低速增长期。在财税收入增长明显放缓的同时，教育、医疗、社保、基础设施、环保等公共服务需求和供给不断提升，财政支出呈刚性增长。

中国财政从“收支双高速增长”阶段进入“支出增速大于收入增速”的新阶段。近年来，我国一般公共预算收支差异日益扩大，2017 年全国一般公共预算收支差异达到当年一般公共预算支出的 15%，地方一般公共预算支出与收入之差占地方一般公共预算支出的 47.2%。地方财政自给率比较低，地方政府收入过度依赖转移支付以及规范性和稳定性相对不足的土地出让收入、债务收入等，地方财政可持续面临较大压力。最近的经验研究也表明，我国城市财政、省及以下地方财政可持续性较弱（王德祥和雷蕾，2016）。从财政收支看，地方财政可持续性表现为地方财政收入持续支撑地方财政支出的能力。因此，增强地方财政可持续性的关键点：一方面，从支出端稳定地方财政收入规模，控制地方财政支出增长速度；另一方面，从收入端加强地方财源建设，发展经济、培植税基，加快包括房地产税在内的地方税建设。

房地产税主要通过财力机制、责任机制和价格机制影响地方财政的可持续性。其一是财力机制。地方政府具有稳定、持续的收入流是地方财政可持续的基础，房地产税税基难以流动，税收收入相对稳定且可预测，成为世界主要国家地方政府收入的重要来源。以我国为例，在整体上未对居民自用住房征收房产税、非居民自用住房按房产原值的一定比例而非评估价值征收的情况下，2017 年中国房产税收入 2604.33 亿元，约占省及以下地方税收收入的 3.8%；房产税、城镇土地使用税、土地增值税、耕地占用税、契税等五项房地产使用和交易税收收入达 16438.47 亿元，约占当年省及以下地方税收收入的 24%。在发达国家，例如美国，2017 年以房产税为主的财产税收入达 5041 亿美元，约占地方（不含州）税收收入的 72.3%，占地方政府直接财政收入的40.1%[①]，房产税收入是地方政府税收及财政收入的主体。其二是责任机制。由于房地产税以辖区房地产为课税对象，税收不易输出，主要由辖区居民负担，并采用居民直接缴纳方式，税收可见度高，征得的税收用于辖区公共服务的提供。当地方政府以课征于辖区居民，且由辖区居民负担的房地产税为主要收入来源时，辖区居民会有比较强的激励，来监督地方政府的财政收支行为，从而增强地方政府的负责性，提高公共支出的配置效率和技术效率，抑制地方政府的公共支出扩张冲动。其三是价格机制。如前所述，房地产税税基固定，税负不易输出，主要由辖区居民自己负担。当房地产税作为地方政府提供公共产品和服务的资金主要来源时，房地产税的受益税属性和税收价格机制凸显，居民要享有更多更高质量的公共产品和服务，必须负担更多的房地产税，公共产品和服务的价格提高，从而抑制辖区居民对公共产品和服务的过度需求以及地方财政支出规模的过度扩张，增强地方财政的可持续性。

二、房地产税改革的制度选择

党的十八届三中全会指出，加快房地产税立法并适时推进改革。2014年、2018年和2019年政府工作报告三次提到房地产立法问题，从“做好房地产税立法相关工作”，到“稳妥推进房地产税立法”，再到“稳步推进房地产税立法”。2019年全国人大常委会工作报告将房地产税法作为全国人大常委会的重大立法事项，这意味着房地产税改革已从立法准备阶段进入了立法过程。一方面，房地产税通过财力机制、责任机制和价格机制维持地方财政可持续性，也有助于推动地方治理现代化；另一方面，房地产税与居民利益息息相关，也关系房地产业乃至金融和经济的稳定。为此，房地产税的征收和设计不仅是学术界及社会各界广泛关注的问题，也是充满争议的问题。本部分讨论房地产税改革的可能制度选择，并为下文房地产税数量估算和分析提供基础。

① https：//www.usgovernmentrevenue.com/year_revenue_2017USbl_20bs1n_10404350#usgs302.

（一）房地产税的法理依据

人们对居民自用住房征收房地产税的依据存在着争议。一种观点认为房地产的主要价值在于土地，土地的所有权归属于政府，住房所有者仅有70年或40年有限期的使用权，且个人支付的房价中已包含了土地出让金，对居民住房征收房产税缺乏理论依据。应该看到，房地产税为公共服务受益税，其征税依据在于房地产价值或价格包含和反映了房屋所有者公共服务的受益水平，房屋价值或价格很大程度源于房地产所在地的各种市政设施和服务，房地产本身（如建筑、装修等）在其价值或价格构成中占比相对较低。理论上，政府是所辖居民共同的政府，应向辖区所有居民提供数量、质量大致均等的公共服务；而事实上，由于财力、地理等约束，地方政府在其辖区中提供的教育、环卫、治安、基础设施、医疗等公共服务的空间分布和受益结构始终具有不充分性、不平衡性，一些居民受益多，一些居民受益少。在市场经济下，这种受益差异在居民拥有或使用的房地产价值中得到集中体现。因此，在某种意义上，征收房地产税使从公共服务中受益多者多负担公共服务的成本，从公共服务中受益少者少负担公共服务的成本，从而体现政府的人民政府性质，体现公共服务提供和税收负担的公平正义。简言之，房地产税是公共服务受益税或使用税，是居民从辖区公共服务受益多寡的成本差异补偿。因此，是否向土地所有者支付了土地使用费，并不影响其享用公共服务，也不影响其可转让的房产因公共服务而产生价值增值。就国外房产税实践来看，房地产不会因它是从政府手中购买（或长期租入）土地，不是从私人手中购买（或长期租入）土地建造住房，而免除缴纳房产税的义务，这同样是基于房产税的受益税性质。因此，在我国的土地产权和使用制度下，对居民自用住房征收房地产税具有充分的法理依据。

需要特别说明的是，在税收体系中，增值税、企业所得税、个人所得税、土地增值税、契税等税种本质上都是公共服务成本的融资和分担方式；征收房地产税，特别是对居民自用住房征收房地产税有法理依据，也有现实需要，同时更加公平正义。但我国房地产建造和交易环节，除征收增值税外，还征收了土地增值税、契税等，房地产建造和交易环节的税费负担相对较高。因此，在对居民自用住房征收房地产税，加强房地产保有环节税收的同时，应适当降低房地产交易环节的税费负担。

（二）房地产税的功能定位

理论上讲，房地产税具有多重功能。其一，房地产税具备良好地方税的特征（理查德·博德，2015），房地产税建设具有完善地方税体系，优化分税制及政府间税收关系的功能。其二，房地产税的受益税属性及其具有的税收—公共服务价格机制，可以促进地方财政可持续和地方治理现代化。其三，一般而言，房地产税纳税的多少与房产所有者所拥有的房产价值的高低相关，这使得房地产税具有调节收入和财富分配，促进社会公平的功能。其四，逻辑上，房地产税作为保有环节税，还具有一定的抑制房地产投机，促进房地产资源合理配置以及房地产市场平稳健康发展的功能。其五，一般而言，在房地产税设计中设定家庭人均免税面积，超过免征面积部分对应的价值越大，个人或家庭负担的税就越多，可以抑制别墅、大户型或超大户型房产的建造和消费，具有促进资源节约和集约利用的功能。房地产税具有多重功能，健全地方税、提升地方财政持续性和地方治理、公平收入和财富分配等是房地产税最基本的功能，我国房地产税改革同样以这三项功能为基本定位，在此基础上，还应注意发挥房地产税调节房地产市场、促进资源节约使用的功能。

（三）房地产税课税范围与税基选择

如前文所述，对包括居民自用住房在内的房地产征收房地产税具有法理依据，依据在于房地产附着的公共服务，而公共服务受益水平在很大程度上反映在房价之中。税收公平和房地产税的税收价格机制，要求以房地产评估价值为税基，而不是以原值或历史价值为基础。原因在于，房地产坐落地的公共服务是动态变化的，原值或历史价值不能反映房地产所有者从所在地公共服务中的受益水平。从世界实践来看，房地产税都以房地产评估价值为基础进行征税。

当前我国房产税征收范围局限于经营性住房，房地产税征收的关键在于将居民住房纳入征税范围，这既是房地产税自身的内在要求，也是国际房地产税实践的共同特征，更是发挥房地产税各项功能的客观要求。房地产税受益税及税收价格机制的实现，要求以房地产评估价值为税基，而不是以原值或历史价值为基础，其原因在于，房地产坐落地的公共服务是动态变化的，原值或历史价值不能反映房地产从坐落地的公共服务中的受益，从而使按原值或历史价值征税来确定公共服务成本的分摊机制缺乏公平性。基于此，从世界房地产税实践来看，都是以房地产评估价值为基础进行征税。

对于按房地产评估价值征税，学术界和实践部门的一个重要担忧是，能否对房地产价值进行科学有效的评估。事实上，早在 2003 年，北京、辽宁、江苏、深圳等 10 个省市就开始试点房地产模拟评税。2010 年，试点扩大到全国所有省份，试点地区进行了房地产基础数据库建设，运用多种技术方法对房地产价值进行批量评估等工作，前期已经做了较好的准备。基于房产地理信息、城市房地产交易市场交易信息和地理信息技术等的房地产价值评估技术已经非常成熟，如深圳市已可以对存量商品住房全样本房产做出有效评价。2018 年，全国统一的不动产登记信息管理基础平台实现全国联网，不动产登记体系进入全面运行阶段①，这对在全国多地有多套房产家庭的房地产价值评估，提供了有力支撑。

以房地产评估价值作为税基，同时考虑到纳税人负担适度、提高纳税人的接受度，房地产税税基确定中可参照现行房产税计税依据，以房产原值一次减去 10%—30% 的做法，对房地产评估价值减除一定比例，例如参考 2011 年上海市房地产税试点改革的做法，将评估率设定为 70%。

（四）减免扣除

关于房地产税减免税扣除方式，学术界有按人均面积扣除、按人均价值

① http：//politics. people. com. cn/n1/2018/0616/c1001 - 30063419. html.

扣除和首套住房免征三种方式（岳树民等，2019）。应该看到，无论设定免征面积，还是确定免征价值，抑或首套免税等，都是源于税收基本原理。人们缴税是为了通过让渡部分财产权来增进自身利益或福利，维持个人或家庭基本生活的收入或财产不应纳税，若维持基本生活的收入或财产用来缴税则会危及其基本生存和生活，即税收法理上的生存权保障原则。因此，个人所得税中有生计扣除，在财产税中个人和家庭用于维持基本生存生活的那部分财产不应缴税，超出部分则应依法纳税。基于生存权保障原则和税收公平原则，房地产税征收中对个人或家庭住房采取按人均面积免征是更为科学合理的选择。比较而言，由于各城市之间、同一城市不同区域间房地产价值差异巨大，按人均价值扣除会出现实际住房面积很小却因房产价值很高需要缴纳税收。虽然按照人均面积免征，会出现有的房产低于免征面积却有非常高的评估价值，无须纳税；有的房产面积大于免征面积，但其评估价值不高，却对超出免征面积部分缴纳房地产税。前者虽然评估价值高，但在使用价值上，该房产仍为维持基本生存和生活的必需品；后者虽然评估价值低，但其在使用价值上超过了维持基本生存和生活的范围，基于生存权保障原则，这种征税方式并不失公平性，同时在伦理上也更可接受。相反，若是基于人均价值免征，前者纳税而后者不纳税，则违背征税的生存权保障原则及税收公平，在伦理上难以接受。采取首套（自住）住房免税的方式，也部分满足生存权保障原则。但是，同为首套（自住）住房，它们之间却可能存在很大差异（譬如别墅、大户型或超大户型住房、小户型住房等），都同样看待而给予免征，也有失公平。

实践上，人均30—40平方米的住房可以视作个人和家庭维持基本生活和劳动力再生产所必需的居住面积。考虑到对居民自用住房征税属于新增税收，免征面积可以适当放宽，将人均免征面积设定为40平方米。这样的设定，可以使拥有唯一住房的大部分家庭（如三口之家住房面积120平方米以下，四口之家住房面积160平方米以下）不需要缴纳房地产税，仅对家庭拥有唯一住房或家庭拥有多套住房超出免征面积部分的评估价值征税。

（五）税率与征管权配置

在西方国家，房地产税税收立法权主要在地方，房地产税税率设定主要基于以支定收原则，根据地方预算安排确定当年房地产税税率。房地产税税率设计中一般采用比例税，同时区分工业房地产、商业房地产、居民住房、损坏房产和空置房地产等分别采用不同的税率，通常工商业房地产税率高于居民自用房地产税率，损坏房产的税率高于无损坏房产的税率。闲置房地产的税率高于在用房地产的税率。我国为税制单一制国家，为保证中央税收立法权，实现税收基本制度全国相对统一，房地产税可以由中央制定适用全国的房地产税基本法，确定房地产税税率幅度范围，各地区在幅度范围内确定本地的房地产税税率。考虑房地产税税负的可承担性和可接受性，房地产税税率可以适当从低，具体而言，非经营性房地产或居民住房房地产税税率可以设定0.6%、0.9%和1.2%低中高三种税率方案，经营性房地产税税率可以仍设定为1.2%。对于闲置或损坏的房地产，可以参考国外的一般做法，适用相对较高的税率，以促进房地产的充分利用。

基于房地产税的受益税性质，房地产税的征管一般由房地产所在地税务局负责征收，收入归房地产所在地地方政府。对于个人或家庭在多地区有多套住房的，可由实际居住地税务局负责征收。考虑到个人和家庭主要享用实际居住地的公共服务，实际居住地政府理应获得更多的房地产税，可采取以房地产面积为权重将免征面积先分配于非居住地房地产，非居住地房地产总面积低于总免税面积的（按人口和人均免税面积计算），再从实际居住地房产扣除免税面积，进而根据计税价值和税率计算应纳房地产税税额。

三、房地产税收入数量测算分析

（一）经营性房产税收入的测算

基于评估值征税的经营性房地产税收入估计方法如下：

经营性房地产税收入 = 经营性房地产的评估价值 × 税率 × 征收率

= 经营性房地产面积 × 单价 × 评估率 × 税率

这里的经营性房地产为房地产开发企业销售的办公楼、商业营业用房和其他非住宅用房，不含自建或委托建造自用的房地产。经营性房地产评估值为经营性房地产市值与评估率的乘积，经营性房地产市值等于经营性房地产面积与价格的乘积。经营性房地产主要包括办公楼、商业营业用房和其他非住宅用房。根据《民用建筑设计通则》，普通建筑物设计寿命不低于 50 年，但由于规划变动、建设拆迁、建筑质量等原因建筑寿命平均约为 30 年①。本章以 1988—2017 年各年办公楼和商业营业用房的销售面积加总作为存量经营性房地产总面积，由于《中国统计年鉴》和《中国房地产统计年鉴》只有 1997—2017 年办公楼和商业营业用房销售面积，没有之前的办公楼和商业营业用房的销售面积，我们参照李文（2012）的做法，假设经营性房地产销售面积增长率为 5%，推算出 1988—1996 年办公楼、商业营业用房和其他非住宅用房销售面积。需要说明的是，就商品房而言，按照 30 年的销售面积可能会遗漏 1988 年之前建造而仍在使用的经营性房地产。1988 年之前办公楼和商业营业用房销售面积都不大，如估计出的 1988 年办公楼、商业营业用房和其他非住宅用房销售面积分别为 220.09 万平方米、408.72 万平方米和 109.83 万平方米，三者分别约为 2017 年销售面积的 5%、3% 和 2%；同时考虑到 1988 年之后的经营性房地产也存在着使用期未超过 30 年而拆除重建的情况，未含 1988 年之前的经营性房地产面积对测算结果影响不大。

本章计算出 1988—2017 年全国办公楼、商业营业用房和其他非住宅用房销售面积分别为 35900.46 万平方米、113873.93 万平方米和 41101.94 万平方米，面积总计为 190876.32 万平方米；2017 年办公楼和商业营业用房的平均销售价格分别为 13543 元/平方米、10323 元/平方米和 5364 元/平方米，进而可得 2017 年经营性房地产总市值为 188219.13 亿元。参考 2011 年上海市房地产税试点改革按市场交易价格的 70% 计算缴纳税的做法，将评估率设定为 70%。对经营性房地产保持现行 1.2% 的税率不变，按评估值征税，

① http://opinion.people.com.cn/GB/11313727.html.

2017 年经营性房地产为 1581.04 亿元。需要注意的是，由于数据的可得性，这里只是对经营性商品房房地产税的估计。除房地产开发经营公司开发的经营性房地产外，我国还有规模庞大的自建或委托建造自用的经营性房地产，如工业企业自建厂房等，若将非商品房范围的经营性房地产纳入，按评估价值征税时经营性房地产税收入测算值将会有较大幅度的增加。

（二）非经营性房地产税收入的测算

关于非经营性（或居民住房）房地产税，对城镇居民住房征收房地产税，不对农村居民住房征收房地产税，其计算公式如下所示：

非营业性房地产税收入 =（城镇住房面积 − 免税面积）× 单价 × 评估率 × 税率

= 城镇住房面积 × 非豁免比率 × 单价 × 评估率 × 税率

1. 城镇住房面积。根据国家统计局发布的数据，2016 年城镇居民人均住房建筑面积为 36.6 平方米（王萍萍，2017）[①]，当年城镇人口数为 79298 万人，城镇住房面积为 2902306.8 万平方米。2017 年全国住宅销售面积 144788.77 万平方米，则可得 2017 年底全国城镇住房面积为 3047095.57 万平方米。2017 年全国住宅平均价格为每平方米 7614 元，由此可得全国存量房价值为 232.0058 万亿元[②]。

2. 非豁免比率。参照刘蓉等（2013）的测算方法，非经营性房产非豁免率 = 多套住房长期空置率 + 未空置住房比例 ×（自有住房占自用住房的比重 × 自用住房中超标部分面积占比 + 租赁住房占自用住房的比重 × 非廉租房占租房比重）。

（1）多套住房长期空置率。西南财经大学中国家庭金融调查与研究中心发布的《2017 中国城镇住房空置分析》报告指出，2017 年中国城镇住房套户比已达 1.18，城镇家庭多套房住房拥有率为 22.1%，来源于多套房家庭的城镇住房空置率为 18%（甘犁，2018）。因此，这里将多套住房长期空置率设定为 18%。

---

① http://www.stats.gov.cn/tjsj/sjjd/201701/t20170120_1456174.html.

② 略高于夏磊（2019）全国城镇存量住房价值为 213 万亿元的估计。

（2）自用住房中超标部分面积所占比例。基于生存权保障原则，对维持家庭基本生活的住房免征房地产税，本章将人均免税面积设置为40平方米。利用西南财经大学2015年中国家庭金融调查（CHFS）家庭住房数据测算自用住房超标面积比例，借鉴刘蓉（2013）的研究，本章按如下标准对数据进行了处理：一是剔除了农村的样本。二是剔除租赁房和免费住房。三是剔除了部分或全部用于出租的住房。四是由于关于二套房的数据缺失，本章还剔除了家庭拥有二套及更多房屋的样本。最后，还剔除了样本中的缺失值和异常值。最终，有效样本为9831个，样本描述性统计如表7-1所示。在扣除人均40平方米的免税面积后，样本家庭中自有住房的总超标面积为465937.43平方米，总建筑面积为1411762.08平方米，因此，所有家庭自有住房的超标面积占总面积的比重为33.004%。

表7-1　不同家庭规模下的住房面积统计表　单位：平方米

家庭规模	平均值	最小值	最大值	中位数	样本数
1	96.77587	12	840	75	704
2	126.9286	12	2500	90	2707
3	128.5372	10	2620	94.7	2748
4	163.6847	15	2250	114	1679
5	180.7473	15	2000	120	1153
6	189.6086	15	1198	135.85	526
7	217.7128	20	2000	150	170
8	178.4909	20	1600	120	74
9	162.878	60	430	120	41
10	230.7857	71	780	150	14
11	301.6667	140	700	255	6
12	222.5	130	450	157.5	6
15	165	150	180	165	2
20	250	250	250	250	1
总体	143.6031	10	2620	100	9831

资料来源：2015年中国家庭金融调查（CHFS）。

（3）租赁房中非廉租房所占比例。本章将产权为政府所有的租赁房和提供给家庭免费居住的住房都视同廉租房。在剔除无效样本后，得到有效样本共765个，如表7－2所示。样本总租房面积为92819.28平方米，廉租房占样本住房总面积的6.17%，租赁房中非廉租房所占比例为93.07%。

表7－2　　租赁房面积信息统计表　　单位：平方米

	平均值	最小值	最大值	样本数	占比（%）
廉租房	96.0209	15	1222	67	6.93
非廉租房	123.762	16	1100	698	93.07
总计	121.3324	15	1222	765	100

资料来源：2015年中国家庭金融调查（CHFS）。

综上，非经营性房产的非豁免比率为18%＋83.1%×93.83%×33.004%＋6.17%×93.07%＝48.51%。

3. 评估率、税率和税额。对于非经营性房地产的房地产税，同样参考2011年上海市房地产税试点改革的做法，将评估率设定为70%。对非经营性房地产税税率分别考虑0.6%、0.9%和1.2%低中高三种税率方案。非经营性住房单价按2017年全国住房平均售价7614元/平方米计，则按照0.6%、0.9%和1.2%三种税率，2017年非经营性房地产税的测算收入分别为6752.76亿元、10129.14亿元和12550.31亿元（见表7－3）。

表7－3　　2017年房地产税收入模拟测算值

	面积（万平方米）	市值（亿元）	评估率（%）	税率（%）	税额（亿元）
经营性房地产	190876.32	188219.13	70	1.2	1581.04
非经营性房地产	3047095.57	2320058.57	70	0.6	6752.76
			70	0.9	10129.14
			70	1.2	13505.52

注：这里的经营性房地产为《中国统计年鉴》和《中国房地产统计年鉴》中房地产开发企业所销售商品房中的办公楼、商业营业用房和其他非住宅用房，不含自建或委托建造自用的房地产。

四、房地产税成为地方主体税种：可行性与思路

完善和健全地方税体系一直是财税改革的重要命题，党的十八届三中全会决定指出“深化税收制度改革，完善地方税体系”；党的十九大报告进一步阐明“深化税收制度改革，健全地方税体系”。房地产税税基流动性弱，具有受益税特点。房地产税内在的“税收—公共服务”税收价格机制，有助于促使地方政府更加负责，推动地方治理现代化，被公认为良好的地方税，在地方税建设中也被寄予厚望。一种税要成为地方主体税种，一方面需要具备地方税的特征属性，另一方面需要筹集足够的税收收入，成为地方财政收入的主要来源。从现实来看，房地产税虽然具有地方税的特征属性，但将房地产税扩围，对居民自用住房征收房地产税是否可以为地方政府（主要是县级政府）筹集足够的收入，成为其主要收入来源之一，仍存在疑问。

由上文测算可知，对经营性房地产和非经营性房地产按评估价值征收房地产税，其中非经营性房地产采取 0.6%、0.9% 和 1.2% 低中高三个税率方案时，模拟测算出 2017 年房地产税总收入分别为 8333.80 亿元、11710.18 亿元和 15086.56 亿元，远高于 2017 年房产税的实际收入 2604.33 亿元。与地方其他税收收入比较来看，2017 年地方税收收入的前四大税种分别是增值税、企业所得税、土地增值税和个人所得税，收入分别为 28212.16 亿元、11694.50 亿元、4911.28 亿元和 4785.64 亿元。若非经营性房地产的房地产税税率为 1.2% 或 0.9%，房地产税收入将会超过企业所得税，仅次于增值税成为地方政府的第二大税收收入来源；若非经营性房地产税税率设置为 0.6%，房地产税将是仅次于企业所得税的地方政府第三大税收收入。三种方案测算出的房地产税收入分别约为 2017 年省及以下地方税收收入的 12.14%、17.05% 和 21.97%。

理论上，房地产税作为受益性税种，应归属于市县政府，按市县地方税收占省及以下地方税收总收入的 80% 计算（李文，2014）。在三种不同的税

率方案下，测算出的房地产税收入分别约为2017年县市地方税收收入的15.17%、21.32%和27.46%，房地产税作为县市级政府主体税种的地位凸显。特别是在增值税、企业所得税两大税种约占全国税收收入的62%，作为共享税的增值税和企业所得税成为各级级政府税收主要来源的现实税收结构和分税框架下，从模拟测算出的房地产税收入规模和在县市政府税收收入中的占比来看，房地产税具有成为地方主体税种，增强地方财政（特别是市县财政）稳定、可持续的现实可能性和可行性。

从全国层面的数量测算表明，房地产税扩展到自用住房并按评估价值征税可以筹集规模巨大的收入，房地产税具有充当地方主体税种的潜力。但是由于房地产税税基在县域之间分布极不均衡，在北京、上海、广州、深圳、杭州等一线城市及二线城市的区县政府，房地产税税基丰富，若征收房地产税，可以为区县级地方政府带来可观的财政收入，成为这些城市县级政府的重要财政收入；对广大的非一二线城市的区县或县级市而言，由于房地产税税基小、居民税收支付能力低，征收房地产税可征得的税收会非常有限，难以成为地方主体税种。从理论上讲，一二线城市征收房地产税可以为其区县（市）带来可观收入并成为这些城市区县（市）的主体税种之一，但是在城市之间竞争激烈、城市财力相对充裕的情况下，一二线城市缺乏征收房地产税并以此作为其区县（市）主体税种的激励。由此而言，虽然房地产税是理论上良好的地方税，并在全国的总量上具有成为县级地方政府主体税种的潜力，但是短期内房地产税还难以成为地方主体税种。

特别需要强调的是，房地产税短期内难以成为地方主体税种，并不意味着不要推进房地产税改革。从健全地方税体系、促进地方政府更为负责和地方治理现代化、彰显公共服务提供和税收负担的公平正义、回归“房屋是用来住的”的本质属性、抑制房地产过度投机及对实体经济的挤压、促进房地产市场平稳健康发展、约束别墅和超大户型房产需求以促进资源节约和调节财富分配等出发，推进房地产税改革，对居民自用住房征收房地产税非常必要。党的十九届四中全会做出了《坚持和完善中国特色社会主义制度 推进国家治理体系和治理能力现代化若干重大问题的决定》。房地产税与国家治理，特别是地方治理有着天然的紧密连接，因此，应从推进国家治理体系和治理能力现代化的高度认识、设计和推进房地产税改革。基于房地产税的重要性和复杂性，房地产税改革要着眼长远，采取“小步慢走、渐进推进”的策略，先由中央制定统一的房地产税基本法，地方在房地产税基本法限定的范围内制定适用于本辖区的地方性法律法规；基于“低税率、窄税基”的原则设计税制，使大多数家庭免于缴纳房地产税，或仅需负担少量的房地产税，消除社会公众对房地产税的误解和疑虑，稳定房地产市场预期，积极稳妥地迈出第一步，其后逐步调整，使房地产税成为推动区县基层政府地方治理现代化的动力，经过10余年的发展，逐渐成为区县政府的重要收入来源。

第八章

美国地方政府支出责任和地方税收：实践与启示

本章内容提要：地方政府支出责任和地方税体系的科学合理是地方治理现代化的重要保障。本章着眼于美国地方政府的支出责任和地方税收，对美国联邦、州和地方政府间财政支出的配置，州和地方政府的事权及支出责任，政府间财政收入和税收划分，州和地方政府的主要税种等进行了比较全面系统的梳理。美国的政府间财税关系实践对我国的启示在于：中央政府财政收入占比较高且直接承担大量公共服务供给及支出责任，地方财政收入占比小于中央，地方财政支出占比大于中央；中央政府应承担重要的全国性公共服务供给及支出责任，地方政府负责地方性公共服务供给；根据税种特点设置地方税、划分共享税，构建以税收收入为主、转移支付与地方债为辅的地方政府财税收入体系。

一、美国政府间支出配置和地方事权及支出责任

（一）政府结构及支出概述

1. 政府结构

美国是典型的联邦制国家，分权和制衡是政府组织的基本原则，也是指导政府间财政关系的重要思想。美国联邦制政府分为联邦、州和地方政府三级。美国共有 50 个州政府，一个特区（华盛顿哥伦比亚特区）。按照联邦政

府的界定，2012 年美国有 89055 个地方政府，地方政府形式多样，其中包括县郡、乡镇、自治市、特别区等。美国宪法对州政府的权力有规定，各州政府又有各自的宪法，美国联邦政是由州授权形成的，联邦政府和地方政府的权力是各州政府让渡的结果。联邦政府和州政府之间是一种平等关系，而各州的州政府和地方政府之间是上下级关系，地方政府行为和职权由州宪法规定，州政府对于地方政府一般都有较大的权力。

美国地方政府（不含州）主要有两种类型，一是通用型地方政府，包括县郡、市、镇或村，这类政府通常提供多种公共服务，如治安、交通、市政建设、垃圾处理等。二是提供特定公共服务、满足不同利益群体共同需求的特别服务区，例如向公众提供学校、消防、公园、供水等单一服务的政府。特别服务区政府是基于功能和特定公共服务的提供而设置，其管辖区域通常与其他形式的地方政府行政管辖区域交叉重叠。特别服务区的辖区与受益范围具有一致性，符合辖区设置的财政等价原则，可以使公共服务的受益和成本相匹配，使外部效应内部化，减少“搭便车”问题，并发挥特定公共服务提供的规模效应；但这同时使地方政府太多、太杂，会增加公共服务提供成本。县郡政府和市级（或镇、学区政府、特别服务区）等各种类型的地方政府之间是平级关系。

2. 政府支出规模

从历史来看，随着经济和社会发展，美国政府的事权和支出范围不断扩展。第二次世界大战中，美国参战后军费开支急剧增加，政府支出规模占 GDP 的比例超过 50%，成为历史最高。1970 年政府支出与 GDP 之比为 34.2%。2008 年全球金融危机暴发后，美国反危机政策的实施，使政府支出占 GDP 的比重在 2009 年达到 43.3%，成为战后新高。随着经济的复苏，政府支出占 GDP 的比重又有一定幅度的下降，2018 年政府支出为 GDP 的 37.8%（见图 8－1）。

3. 联邦、州和地方政府的支出

美国联邦、州和地方三级政府有各自的事权和支出责任。在三级政府中，联邦政府的事权和支出责任更大，同时对州和地方政府给予转移支付，以支持各地方公共服务的供给及政府职能愿景的实现。从财政支出看，1980

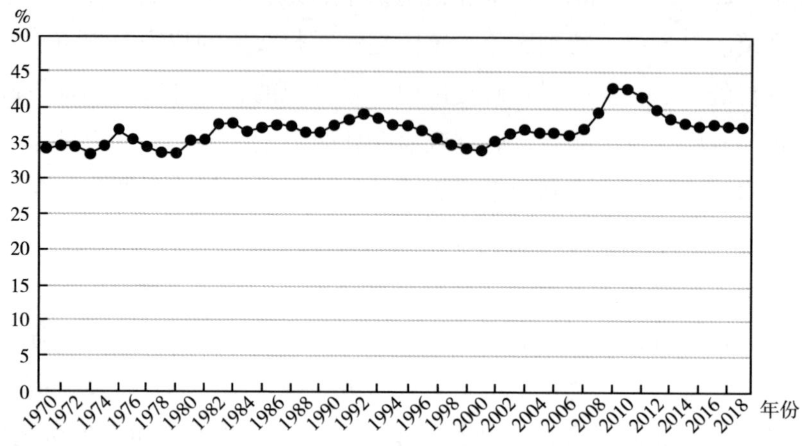

图 8－1　美国财政支出与 GDP 之比（1970—2018 年）

资料来源：OECD 数据库，https：//data. oecd. org。

年，联邦、州和地方政府直接支出占政府总支出的比重分别为 54.02%、18.43% 和 27.55%；1990 年，联邦、州和地方政府直接支出占比分别为 48.92%、22.60% 和 28.48%；2000 年，这一比例分别为 46.31%、23.32% 和 30.37%（见表 8－1）。20 世纪以来，美国政府支出占 GDP 之比、联邦政府支出占比总体呈上升趋势，第二次世界大战期间因战争开支的大幅增加而达到峰值（见图 8－2）。20 世纪 80 年代中期以来，美国财政支出分权扩大、联邦政府支出占比逐步下降；但除去联邦对州和地方政府的转移支付，联邦政府直接支出占比仍在 45% 以上，联邦政府承担了大量的公共服务供给及支出责任。2017 年联邦政府直接支出为 3.42 万亿美元，占政府总支出的 47.5%；州政府直接支出 1.85 万亿美元，占政府总支出的 25.3%；地方政府直接支出 1.97 万亿美元，占政府总支出的 27.2%；州和地方政府直接支出约占政府总支出的 53.5%（见表 8－1）。在政府财政支出中，联邦政府有大量的养老保险、医疗保险和利息支出，这些支出都属于法定支出（mandatory spending）。除去这些支出项目，2017 财年联邦政府支出在政府直接支出中的占比仍达到 36%，州和地方政府直接支出占比为 66%，其中州政府直接支出占比为 21%、地方政府直接支出占比为 43%。作为联邦制国家的美国，联邦政府承担着重要的公共服务供给及公共支出责任。

表 8－1　　　　　　　　　　美国各级政府财政支出比重

财政年度	联邦/总支出（%）	州/总支出（%）	地方/总支出（%）
1980	54.02	18.43	27.55
1985	56.15	17.99	25.85
1990	53.31	19.07	27.62
1995	48.92	22.60	28.48
2000	46.31	23.32	30.37
2005	46.37	24.20	29.43
2010	47.80	24.46	27.73
2014	47.31	25.04	27.65
2015	47.45	25.28	27.28
2016	47.67	25.26	27.07
2017	47.50	25.32	27.19
2018	47.22	25.55	27.22
2019	48.47	24.84	26.69

注：（1）联邦政府支出为其直接支出，不含其对州和地方的转移支付。（2）2018 年地方支出为预计支出，2019 年州和地方的数据为预计支出。

资料来源：根据美国政府支出网（http：//www. osgovernmentspending. com/）数据计算整理。

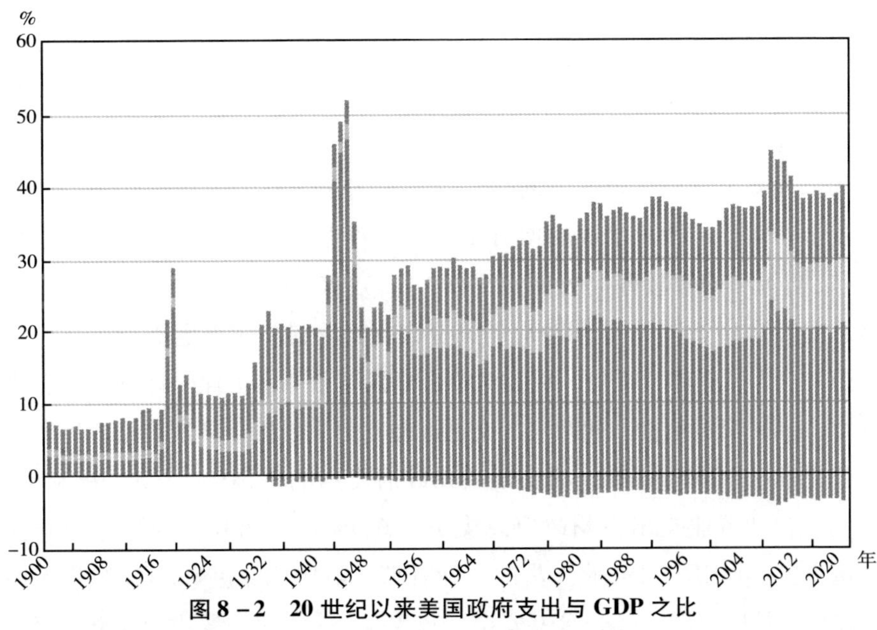

图 8－2　20 世纪以来美国政府支出与 GDP 之比

注：图中自下至上各部分分别表示：联邦对州和地方转移支付占 GDP 之比（0 以下）、联邦政府支出与 GDP 之比、州政府支出与 GDP 之比、地方政府支出与 GDP 之比。

资料来源：美国政府支出网，http：//www. vsgovernmentspending. com。

州和地方政府相对于联邦政府更直接面对居民，理论上由州及以下地方政府提供公共服务更符合居民的偏好，在公共服务供给上更为有效。事实上，美国是典型的分权型政府，联邦政府的公共支出与州及以下地方政府支出规模大致相当，联邦政府仍承担着比较大的事权和支出责任。联邦政府在国防、养老、医疗、社会福利、公共管理事务、公共安全、交通运输、农林牧渔、生态保护、社区发展、基础研究、经济事务等方面承担大量的支出。

（二）州和地方政府的事权与支出责任

政府的支出结构和支出项目是政府事权与支出责任的直接体现。美国联邦、州和地方政府在事权与支出责任上具有共通性，经常共同负责提供大量公共服务（如表 8－2、表 8－3，图 8－3 至图 8－5 所示）。州政府的主要事权和支出责任主要有医疗卫生、高等教育、养老、公共福利事业、高速公路、公共安全、州公共行政事务等。

（1）医疗卫生。医疗卫生支出是州政府的第一大支出，2017 财年该项支出占州政府总支出的 38.59%，主要用于医疗服务（包括公共卫生服务和医院运营、建设及其他资本性支出）和对私人部门提供的公共医疗服务项目的支付。（2）教育。2017 财年教育支出占州政府总支出的 17.87%，是州政府的第二大支出项目。州政府的教育支出主要用于高等教育；此外，还有州奖助学金、对特定教育培训的项目支出（如残障教育、成年教育、职业教育等）、在初等和中等教育上的少量支出。（3）养老。2017 财年养老支出占州政府总支出的 14.59%，是州政府的第三大支出项目。州养老支出主要用于公共部门就业人员退休金支付，以及对符合州强制意外伤害保险计划的职工进行的支付。（4）交通运输。州政府的交通运输支出主要用于高速公路的运营和建设、公交事业。2017 财年该项支出占州政府支出的 7.51%。（5）福利事业。2017 财年福利事业支出占州政府总支出的 6.5%，是州政府的第五大开支项目，该支出主要用于对失业人员的失业补偿、对居民家庭和小孩的收入性支持、住房和社区发展。（6）公共安全。州政府安全支出主要用于监狱、警察服务和其他一些公共秩序及安全事项，2017 财年该支出占州政府支出的 3.30%。（7）一般公共管理服务。州的一般公共管理服务支出是州立法机关、行政机关和法院的支出，2017 年该支出占州支出的 3.3%。（8）其他。州政府在自然资源事务、能源和燃料等方面也承担部分事权与支出责任。（9）利息支出。2017 财年利息支出占州政府支出的 2.49%。具体如表 8 –2 和图 8 –4 所示。

表 8 –2　　2017 财年美国各级政府主要支出项目及占本级政府直接支出的比重

单位：10 亿美元

支出项目	联邦政府支出		州政府支出		地方政府支出		总支出	
	金额	比例（%）	金额	比例（%）	金额	比例（%）	金额	比例（%）
养老	1006.6	30.40	257.5	14.59	53.8	2.84	1317.9	18.90
医疗卫生	725.9	21.92	681.1	38.59	169.9	8.96	1576.9	22.62
教育	99	2.99	315.4	17.87	709	37.41	1123.3	16.11
国防	821.6	24.81	0.8	0.05	0	0.00	822.4	11.80
福利事业	239.1	7.22	114.8	6.50	95.5	5.04	449.3	6.44
公共安全	30.3	0.92	73.3	4.15	185.3	9.78	288.9	4.14
交通运输	28.9	0.87	132.5	7.51	158.5	8.36	319.8	4.59
一般公共管理服务	45.2	1.37	58.3	3.30	82.9	4.37	186.4	2.67
其他支出	52.3	1.58	87.2	4.94	377.9	19.94	517.3	7.42
利息	262.6	7.93	43.9	2.49	62.5	3.30	369	5.29
总支出	3311.2	100.00	1764.9	100.00	1895.2	100.00	6971.3	100.00

资料来源：美国政府支出网（https://www.usgovernmentspending.com/year_spending_2017UStn_21ts2n#usgs302）。

表 8 –3　　2017 财年美国各级政府主要支出项目占政府总支出的比重

	联邦政府（%）	联邦转移支付（%）	州政府（%）	地方政府（%）	总支出（%）
养老	14.4	0.0	3.7	0.8	18.9
医疗卫生	16.2	–5.8	9.8	2.4	22.6
教育	2.2	–0.8	4.5	10.2	16.1
国防	11.8	0.0	0.0	0.0	11.8
福利事业	5.1	–1.7	1.6	1.4	6.4
公共安全	0.5	–0.1	1.1	2.7	4.1
交通运输	1.3	–0.9	1.9	2.3	4.6

续表

	联邦政府（%）	联邦转移支付（%）	州政府（%）	地方政府（%）	总支出（%）
一般公共管理服务	0.7	-0.0	0.8	1.2	2.7
其他支出	1.0	-0.2	1.3	5.4	7.4
利息	3.8	0.0	0.6	0.9	5.3
总支出	57.1	-9.6	25.3	27.2	100.0

资料来源：美国政府支出网，https://www.usgovernmentspending.com/year_spending_2017UStn_21ts2n#usgs302。

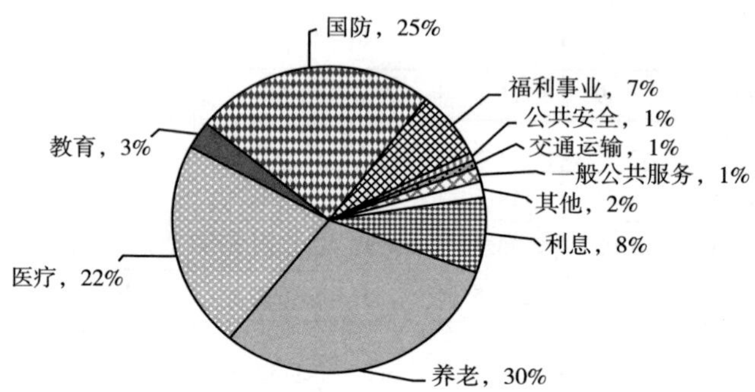

图 8-3　美国联邦政府财政支出结构（2017 财年）

资料来源：由美国政府支出网（http://www.usgovernmentspending.com/）数据计算整理。

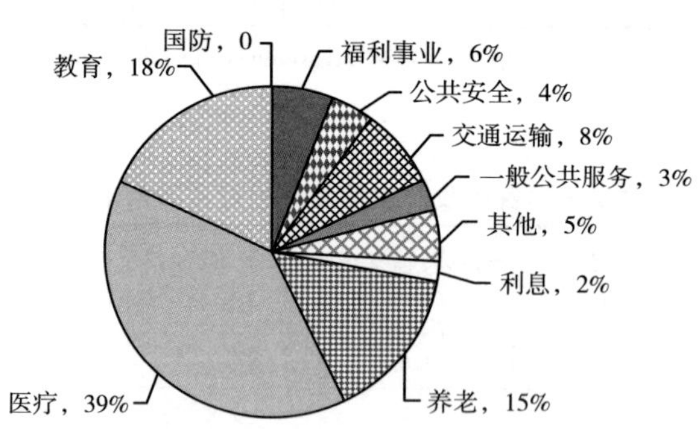

图 8-4　美国州政府财政支出结构（2017 财年）

资料来源：由美国政府支出网（http://www.usgovernmentspending.com/）数据计算整理。

美国地方政府主要承担受益范围和需求具有地方性的公共服务，如基础教育、消防、治安、道路和公交、医疗、家庭和小孩服务、废物管理、娱乐和体育、供水等。（1）教育。教育支出是地方政府的第一大支出，2017 财年教育支出占地方政府总支出的 37.41%，主要用于初等和中等教育、高等教育（如社区大学）、图书馆等，其中初等和中等教育支出占地方教育支出的 90% 以上。（2）公共安全。地方政府安全事务主要包括警察、消防、犯罪矫治等，2017 财年该支出占地方政府总支出的 9.78%。（3）医疗卫生。地方政府医疗卫生支出主要用于辖区公共卫生服务和医院运营、建设及其他资本性支出，以及少量对私人部门提供的公共医疗服务项目的支付，2017 财年此项支出占地方政府总支出的 8.96%。（4）交通运输。地方政府交通事务主要有辖区内高速公路、公交、机场等的建设和运营，2017 财年该项支出占地方政府总支出的 8.36%。（5）福利事业。2017 财年地方政府社会福利性支出占地方政府总支出的 5.04%，主要包括对居民家庭和小孩的收入性支持、住房和社区发展支出。（6）地方一般公共管理服务，主要为地方行政和立法机关、法院的公共事务支出，2017 财年该项支出占地方政府总支出的 4.37%。（7）养老。地方养老支出主要用于公共部门就业人员的退休补助，2017 财年该项支出占地方政府总支出的 2.84%。（8）其他地方事务。地方政府在垃圾清理、排污及污水处理、自来水供给、娱乐和体育、能源供应、自然资源及其他地方事务中承担着大量事权和支出责任。（9）利息支出。2017 财年利息支出占州政府支出的 3.3%。具体如表 8－2 和图 8－5 所示。

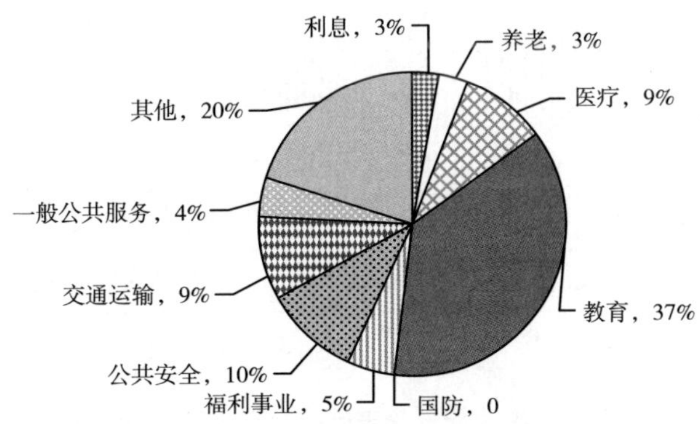

图 8－5　美国地方政府财政支出结构（2017 财年）

资料来源：由美国政府支出网（http：//www.usgovernmentspending.com/）数据计算整理。

二、美国政府间财政收入和税收划分

（一）联邦、州和地方财政收入概述

公共服务的提供和财政支出的实现需要有政府财力做保证。与庞大的财政支出相对应，美国政府财政收入规模巨大。如图 8－6 所示，1900 年美国政府直接收入（不含债务）与 GDP 之比为 7.81%，1950 年政府直接收入与 GDP 之比为 20.88%，2000 年这一比例达到 35.85%，受 2008 年金融危机的影响 2009 年美国政府直接收入与 GDP 之比降至 25.37%；2012 年政府直接

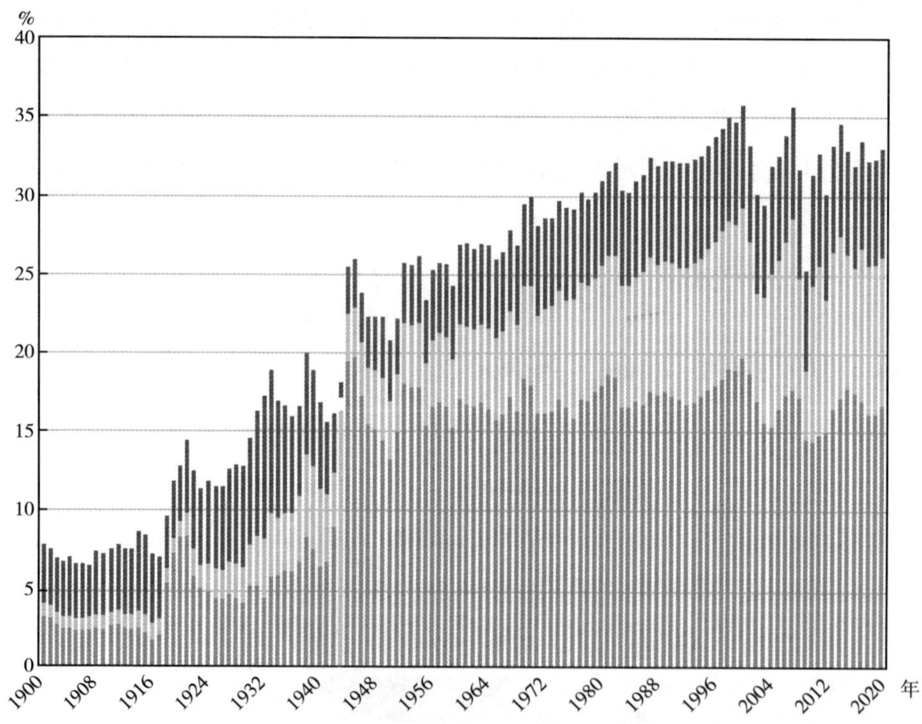

图 8－6　20 世纪以来美国政府收入与 GDP 之比

注：图中自下至上各部分分别表示：联邦政府直接收入与 GDP 之比、州政府直接收入与 GDP 之比、地方政府直接收入与 GDP 之比。

资料来源：美国政府收入网，http：//www.usgovernmentrevenue.com/。

收入金额达到 5.82 万亿美元，占 GDP 的 33.4%；2017 年政府直接收入达 6.54 万亿美元，政府直接收入与 GDP 之比为 33.53%。[①] 从财政收入占 GDP 的比例来看，美国财政收入规模低于大多数发达国家，但是从财政收入绝对规模来看，美国政府是世界上财力最雄厚的政府。

在联邦、州和地方三级政府中，联邦直接财政收入约占总收入的一半，州和地方政府收入合计占总收入的近一半（见表 8－4）。2017 年联邦、州和地方政府直接财政收入分别占总收入的 50.67%、28.91% 和 20.41%，这样的财政收入分配格局和联邦、州和地方的支出责任是相一致的。2017 年联邦政府和州政府的财政支出分别占总支出的 47.50% 和 25.32%，联邦和州财政收入比重略高于其财政支出占比的财政收入份额，可以使联邦和州在履行本级政府事权和支出责任的同时，对下级政府进行转移支付以实现公共服务均等化和其他特定政策目标。2017 年，联邦对州和地方的转移支付约为 6704 亿美元，占联邦财政支出（联邦直接支出与转移支付合计）的 16.84%，同年州和地方政府直接支出为 3.66 万亿美元，联邦转移支付约为州和地方政府直接支出总计的 18.32%，对医疗卫生、福利事业、交通运输和教育是转移支付的主要使用方向，占联邦转移支付的绝大部分。

表 8－4　　　　美国各级政府直接财政收入比重

财政年度	联邦直接收入/总收入（%）	州直接收入/总收入（%）	地方直接收入/总收入（%）
1980	58.38	24.00	17.62
1990	53.53	26.24	20.23
2000	55.10	26.84	18.06
2010	45.83	31.04	23.13
2014	49.82	29.91	20.26
2015	54.07	25.87	20.07

① 美国政府收入网，https://www.usgovernmentrevenue.com/year_revenue_2017USpn_21ps1n#usgs302.

续表

财政年度	联邦直接收入/总收入(%)	州直接收入/总收入(%)	地方直接收入/总收入(%)
2016	54.65	25.07	20.27
2017	50.67	28.91	20.41
2018	49.99	29.17	20.85
2019	49.84	29.04	21.12

注：2018 年地方支出为预计数，2019 年州和地方数据为预计数。

资料来源：根据美国政府收入网（http：//www.usgovernmentrevenue.com/）整理。

（二）联邦、州和地方的财政收入构成

美国联邦政府的直接收入主要包括税收、商业及其他收入。此外，债务收入也是联邦政府收入的重要来源。个人所得税、社会保障税（养老、医疗、残障等）、企业所得税和从价税（消费税、交通和车辆税等）是联邦政府的重要税收来源。其中，2017 年，占联邦直接收入的比重，个人所得税为 47.86%，社会保障税为 35.04%，企业所得税为 8.96%，消费税、交通和车辆税及其他从价税为 5.69%（见表 8－5 和图 8－7）。

州政府的直接收入主要包括税收、收费、商业及其他收入。此外，还有债务和转移支付收入。州政府的税收主要有社会保障税（退休、失业等）、销售税、个人所得税、企业所得税、交通和车辆税等。2017 年，占州直接收入的比重，社会保障税为 29.42%，销售税为 20.12%，个人所得税为 18.54%，企业所得税为 2.36%，交通和车辆税为 3.76%，消费税为 1.34%（见表 8－5 和图 8－8）。

地方政府的直接收入类型和州政府类似，主要包括税收、收费、商业及其他收入。除直接收入外，还有债务和转移支付收入。地方政府的税收主要有财产税、销售税、社会保障税（退休、失业等）等。2017 年，占地方直接收入的比重，财产税为 38.13%，销售税为 9.04%，社会保障税为 6.65%，个人所得税为 2.48%（见表 8－5 和图 8－9）。

表 8－5 美国三级政府财政收入项目及占该项收入总金额的比重（2017 财年）

单位：10 亿美元

收入项目	联邦政府		州政府		地方政府		总计
	数额	比例（%）	数额	比例（%）	数额	比例（%）	
所得税	1884.2	81.2	395.50	17.0	41.3	1.8	2321
个人所得税	1587.1	80.5	350.90	17.8	33.1	1.7	1971.1
企业所得税	297	84.9	44.60	12.7	8.2	2.3	349.9
社会保障税	1161.9	64.3	556.70	30.8	88.8	4.9	1807.4
老年保险	688	100.0	0.00	0.0	0	0.0	688
残障保险	162.6	100.0	0.00	0.0	0	0.0	162.6
医疗保险	255.9	100.0	0.00	0.0	0	0.0	255.9
失业保险	45.8	36.3	80.30	63.6	0.2	0.2	126.2
退休保险	4.2	0.7	468.30	83.5	88.6	15.8	561.1
铁路职工退休险	5.3	100.0	0.00	0.0	0	0.0	5.3
从价税	188.8	13.5	547.40	39.1	665.2	47.5	1401.4
消费税	27.7	51.2	25.30	46.8	1.1	2.0	54.1
销售税	0	0.0	380.70	75.9	120.7	24.1	501.4
财产税	0	0.0	16.50	3.1	509.4	96.9	525.9
交通和车辆税	56.1	42.9	71.10	54.3	3.6	2.8	130.9
其他	105	55.5	53.80	28.4	30.4	16.1	189.2
收费	0	0.0	226.80	43.0	300.1	57.0	526.9
教育	0	0.0	111.10	82.1	24.3	17.9	135.4
卫生	0	0.0	70.10	43.6	90.6	56.4	160.6
运输	0	0.0	14.60	27.4	38.7	72.6	53.3
自然资源	0	0.0	4.60	27.9	11.9	72.1	16.5
公共设施	0	0.0	1.40	1.8	74.5	98.2	75.9
其他	0	0.0	25.10	29.4	60.2	70.6	85.3
商业和其他收入	81.3	16.7	165.90	34.0	240.5	49.3	487.7
设施和酒专营	0	0.0	21.80	12.3	155.9	87.7	177.8
其他	81.3	26.2	144.10	46.5	84.5	27.3	310
直接总收入	3316.2	50.7	1892.30	28.9	1335.9	20.4	6544.4
公债总额	20205.7	86.8	1155.50	5.0	1905.8	8.2	23267

资料来源：美国政府收入网（http://www.usgovernmentrevenue.com/）资料整理。

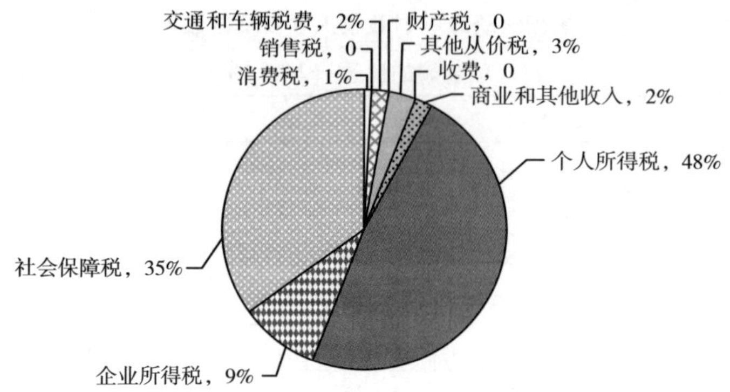

图 8-7 美国联邦政府直接收入结构（2017 年）

资料来源：由美国政府收入网（http：//www. usgovernmentrevenue. com/）数据计算整理。

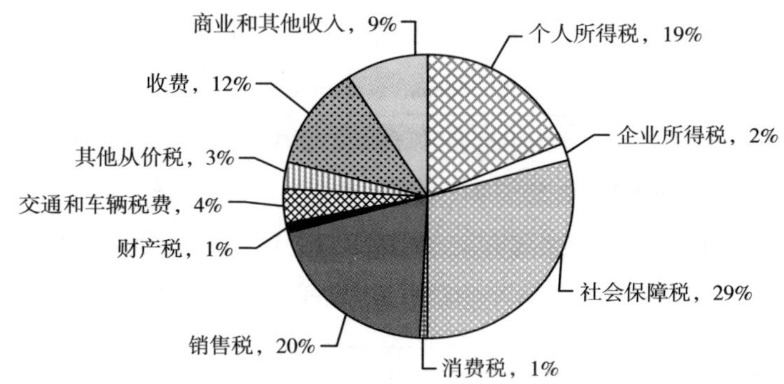

图 8-8 美国州政府直接收入结构（2017 年）

资料来源：由美国政府收入网（http：//www. usgovernmentrevenue. com/）数据计算整理。

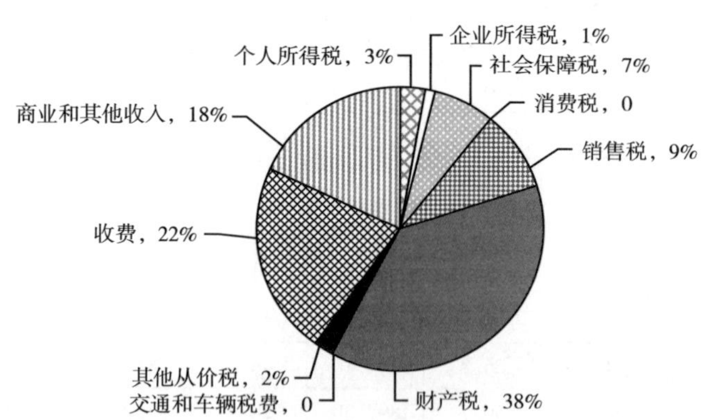

图 8-9 美国地方政府直接收入结构（2017 年）

资料来源：由美国政府支出网（http：//www. usgovernmentspending. com/）数据计算整理。

（三）联邦、州和地方政府税权划分

美国宪法对各级政府的税收没有过多的限制，但联邦宪法“对于从任何一州输入的货物不得征收直接税或间接税”“任何贸易条例或税收条例不得给予一州港口以优于另一州港口的特惠，开往或来自一州的船舶不得强令其在另一州入港、出港或交纳关税”“无论何州，不经国会同意，不得对进出口货物征收进口税或间接税”“无论何州，未经国会同意，不得征收船舶吨位税”等规定，对州和地方的征税权产生约束，这些规定主要在于防止州与州之间的税收影响全国市场的统一。州宪法对州的课税权有一定限制，但这些规定不能与联邦宪法冲突；州以下地方政府的税收权限由州法律赋予，在联邦和州宪法规定的范围内，地方可以制定本地的税收法规，并行使税收管理权。

美国的税收分配制度主要采取税基在联邦、州和地方三级政府之间共享的方式，各级政府都有多种税收资源，每级政府的重点税种各有不同，体现了基于税种本身的特点、税种的激励结构和税收征管效率进行税收分配和分权的理念。联邦政府税收以个人所得税、公司所得税和社会保障税为主，辅之以消费税等；州政府税收以销售税为主，辅之以社会保障税和个人所得税等；地方政府以财产税为主，辅之以销售税等。

三、美国州与地方政府的主要税种

（一）销售税

销售税是美国州政府的主体税种，也是县市等地方政府的重要税收来源。2017 财政年度美国销售税收入共计 5014 亿美元，其中：州政府消费税收入 3807 亿美元，占消费税总收入的 75.9%；地方政府消费税收入 1207 亿美元，占消费税总收入的24.1%。州销售税收入占州总直接收入的20.1%，地方销售税占地方总直接收入的9%。州和地方政府对销售（或租赁）商品或服务征收销售税（见图 8－10）。美国的 45 个州、哥伦比亚特区、波多黎各和关岛都征

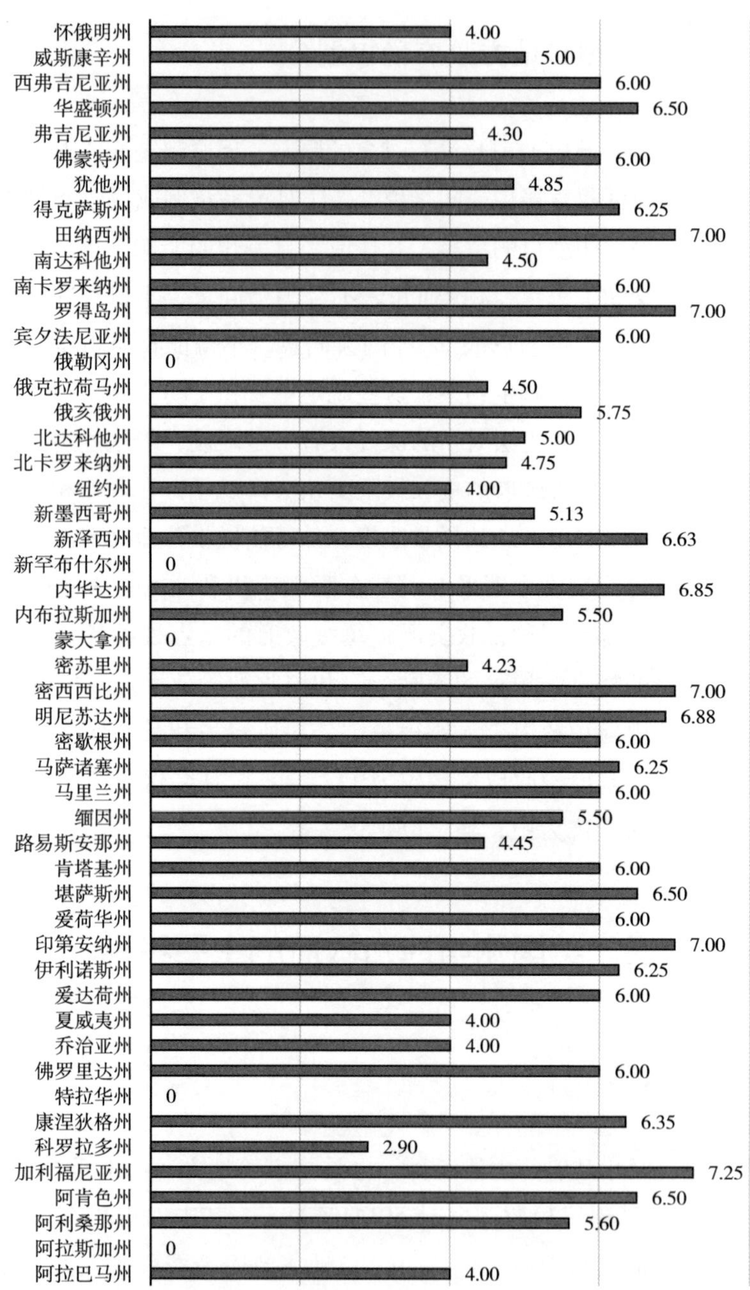

图 8-10　2020 年美国各州政府销售税税率

资料来源：美国销售税网站，http：//www. sale - tax. com/。

收一般性销售税，州政府也对特定商品及服务的销售或租赁征收选择性销售税。2020 年，阿拉斯加州、特拉华州、蒙大拿州、新罕布什尔州和俄勒冈州 5 个州政府不征收销售税，征收州销售税的州销售税税率为 4%—7. 25%。例如，加利福尼亚州的销售税税率为 7. 25%，在各州销售税中税率最高；印第安纳州、密西西比州、罗得岛州和田纳西州 4 州的州销售税税率为 7%；纽约州、怀俄明州、乔治亚州、夏威夷州和亚拉巴马州的州销售税税率为 4%。

除州政府征收的销售税外，州内的各县及市地方政府销售税的征收情况也大相径庭。例如，加利福尼亚州销售税税率为 7. 25%，加利福尼亚州的洛杉矶县（Los Angeles County）销售税税率为 2. 25%，该县的格兰岱尔市（Glendale）政府又征收 0. 75% 的销售税，换而言之，格兰岱尔市的总销售税税率可达 10. 25%；加利福尼亚州索诺马县（Sonoma County）销售税税率为 1%，该县的索诺玛市（Sonoma）政府又征收 0. 5% 的销售税，该市的总销售税税率为 8. 75%；加州的克恩县（Kern County）、文图拉县（Ventura County）、锡斯基尤县（Siskiyou County）、圣路易斯—奥比斯波县（San Luis Obispo County）、卡拉韦拉斯县（Calaveras County）、三一县（Trinity County）等都不征收销售税。

销售税由销售方在零售时征收，对于批发环节和中间产品的销售不征税，应纳税额为商品或服务买价（净售价）与税率的乘积。各州对零售的界定和应税商品和服务范围的规定不同，没有一个州是对所有商品征税的，几乎所有的地区都规定了大量的免税商品和服务。对于食品（饭店销售除外）、处方药、农业物资等，各州一般都免税。大多数州都对一些服务征收销售税，一些州对许多服务都征收销售税，但是对服务征税是例外而不是规律。包括地方政府征收的销售税在内，销售税一般由州政府征收管理，州政府可以向零售商征收，也可以向零售买家征收、由零售商在销售时具体收集税款，一般情况下零售商在销售时必须向州内购买者收取销售税税款。若购买属于本州应纳销售税的商品和服务时没有纳税，比如在其他州购买时未纳税，在本州使用时应缴纳使用税（Use Tax），在一些州缴纳使用税时允许扣除在其他州购买该商品时缴纳的销售税。

（二）财产税

财产税是美国地方政府的主要收入来源，财产税为地方消防、法律执行、公共教育、道路建设和其他公共服务提供了资金。财产税由地方政府征管，但由于县、市、镇、学区、公共服务区等辖区的交叉，很多财产可能有超过一个地方政府对其征税，因此许多州政府对地方政府财产税的征收行为实施了规范，如一些州规定了财产价值确定方式，使各地方以相同评估值为基础对同一特定房产或财产征税。

财产税主要对房地产和个人财产征收，包括土地、建筑物及其固定装置等不动产、商业用的其他财产。财产税应纳税额为财产公允市场价值与评估比率之积再乘以税率。不同地区的评估比率和税率不同，同一辖区内评估比率和税率也因财产类型或使用状况而不同，评估比率和税率一般由地方立法机构决定。各地方在州法律约束下自行确定本辖区财产税税率，一些地区对财产进行分类，如居民房产、商业房产、工业房产、空置房产、破旧房产等，并基于不同的公共政策目的设定不同的税率，税率可根据地方预算支出需要经法定程序每年调整。如华盛顿哥伦比亚特区对不同类别房产以不同税率征税（见表 8－6），居民用房产按评估值征收 0.85% 的房产税，对空置的房产按评估值征收 5% 的房产税，鼓励房产的充分利用和资源优化配置。

表 8－6　　2020 年华盛顿哥伦比亚特区的财产税税率

房产类别	描述	税率
Class1	居民用房产，包括多户家庭使用的房产	0.85%
Class2	商业和工业房产，评估值小于等于 500 万美元	1.65%
	商业和工业房产，评估值大于 500 万小于 1000 万美元	1.85%
	商业和工业房产，评估值大于 1000 万美元	1.89%
Class3	空置的房产（含商业用和居民用房产）	5%
Class4	破损的房产	10%

注：（1）华盛顿哥伦比亚特区的《2011 财年预算支持法案》设置了 Class3 和 Class4 财产税税率。（2）对于满足规定的特定条件的空置房产可依程序适用 Class1 和 Class2 的税率。（3）现行 Class 2 商业和工业房产税率始于 2018 年 10 月，之前对于评估值小于等于 300 万美元的房产适用 1.65% 的税率，对于评估值大于 300 万美元的房产适用 1.85% 的税率。

资料来源：华盛顿哥伦比亚特区税务局（Office of Tax and Revenue）网站，https：//otr.cfo.dc.gov/page/real－property－tax－rates。

财产或房产价值的确定是房产税征收的重要方面，直接影响应纳税收的数量，有多种技术方法用于价值评估。除房产最近时期售价外，价值确定具有一定的主观因素，许多州要求征税地方每3—4年对房产或财产价值进行再评估，房产价值通常由评估日（valuation date）房产实际使用情况而非潜在使用情况决定。房产价值由征税机关的估税员（tax assessor）确定，对于非最近销售的房产，估税员可以使用多种方法来确定房产价值，可比售价法、成本法、收入法是三个常用方法。大多数房产的估价可以采取可比售价法，采用相似房产最近销售价格，并考虑房产（或财产）性质、地点、大小、用途、附属设施、外部环境和限制因素等的差异对价值进行调整。在可比售价法难以运用时采用成本法，成本法是以财产或房产的原始成本或重置成本为依据进行估价。运用原始成本时，要考虑通货膨胀和建造成本结构变化对原始成本进行调整；重置成本以预计建造成本来确定。收入法是以房产或财产未来预计产生的收入流的现值来确定，该方法使用中选择合理的贴现率至关重要。虽然在一些地区财产税的征管由一个共同的管理机构负责，在一般情况下财产税还是由各地方政府分别进行征管。通常由具有税收管辖权的地方行政部门（如市政厅）进行征管，具体形式和组织往往会因地区不同而不同。

（三）消费税

美国消费税是对特定商品和行为征收的间接税，联邦、州和地方都征收消费税，美国宪法要求联邦消费税全国统一，而州和地方消费税却并不统一。表8－5从价税中的消费税（Excise Taxes）与交通和车辆税（Transportation）都属于消费税（选择性商品税），前者主要对烟、酒销售征收，后者主要对销售汽车燃料、机票和汽车登记征收。2017财政年度，美国联邦、州和地方分别征收消费税及交通和车辆税838亿美元、964亿美元和47亿美元，总计约1849亿美元；联邦、州和地方政府的消费税收入分别占消费税总额的51.2%、46.8%和2%，消费税主要归州和联邦所有；联邦、州和地方消费税收入占本级政府总直接收入的比例分别为2.5%、5.1%和0.35%，消费税在本级政府收入中所占比重很小，消费税的财政意义非常有限，是三级政府收入的补充。

美国消费税通常对汽油、柴油、啤酒、白酒、红酒、香烟、烟草、运输票、轮胎、卡车、移动电话等征收。汽车燃料、汽车（以费的形式）、运输票、移动电话等消费税主要是为政府高速公路和基础设施提供资金；包括酒、香烟在内的其他税目，除了为政府提供收入外，主要是通过征税来抑制特定消费行为，该类消费税也称为罪恶税（sin tax），所有的州都对酒和香烟征收所谓的罪恶税（消费税），也有许多州对购买高油耗车、枪支、娱乐门票、苏打水、不健康食品（俗称肥胖税）和日晒美容沙龙等征收消费税。消费税通常包含在商品和服务的价格之中，没有将税额与价格分别列出。基于征收简便，消费税一般采取从量计征。消费税由生产商或零售商向国内收入局、州或地方税务部门缴纳，而不是由消费者直接支付，但税收负担往往通过转嫁由产品和服务的最终消费者承担。

例如，2020 年 1 月，联邦政府对汽油和柴油分别按照每加仑 18.3 美分和 24.3 美分征收消费税，以及以每加仑 0.1 美分征收地下储油罐泄漏费。各州政府对汽油和柴油征收的消费税各不相同。就州政府汽油消费来看，阿拉斯加州最低，每加仑征 12.25 美分，宾夕法尼亚州最高，每加仑 51.46 美分；全美州政府征收的汽油消费税平均为每加仑 29.76 美分，柴油消费税平均为每加仑 31.78 美分。

（四）社会保障税（联邦和州）

1935 年 8 月 14 日，美国总统富兰克林·罗斯福签署了社会保障法案（Social Security Act），美国的社会保障制度开始建立。美国联邦社会保障项目主要有老年、遗属和残障保险（Old - Age，Survivors，and Disability Insurance，OASDI），以及医疗保险、铁路职工退休保险。

1. 社会保险税和医疗保险税

联邦社会保障资金是通过联邦社会保险捐助法（FICA）税或自雇捐助法（SECA）税，即对工薪收入征收的工薪税（payroll tax）筹集。以工薪税收形式筹集的联邦社会保障税主要是为老年、遗属和残障保险筹资的社会保险税（OASDI Tax）和为医疗保险筹资的医疗保险税（Medicare Tax），这两种税收都是以支付或领取的工薪为对象向雇主和雇员征收，雇主和雇员各支付一半，自雇业者则要交双份。2018 年，雇主和雇员缴纳社会保险税（OASDI Tax）的税率都是 6.2%，医疗保险税都是 1.45%，对雇主和雇员征收的社会保险税和医疗保险税的综合税率分别为 12.4% 和 2.9%。社会保险税的应税收入（taxable income）有一个上限，2015 年是 118500 美元，2018 年是 128400 美元，超过上限的收入不征收社会保险税，医疗保险税没有这个上限（见表 8－7）。联邦社会保障税或联邦工薪税由国内收入局（IRS）负责征收，筹集的资金纳入预算，进入联邦老年和遗属信托基金（Federal Old－Age and Survivors Insurance Trust Fund）、联邦残障保险信托基金（Federal Disability Insurance Trust Fund）、联邦医院保险基金（Federal Hospital Insurance Trust Fund）或联邦补充医疗保险信托基金（Federal Supplementary Medical Insurance Trust Fund），整体构成社会保障信托基金，以信托基金的方式管理。社会保障支出由社会保障署（Social Security Administration，SSA）提出预算并经国会批准后，从信托基金中给付。

表 8－7　2018 年美国联邦社会保障税（工薪税）税率和税基

	最大计税工资基数	雇主税率	雇员税率	总税率
老年和遗属保险（OASI）	128400 美元	5.30%	5.30%	10.60%
残障保险（DI）	128400 美元	0.90%	0.90%	1.80%
医疗保险（HI）	无限制	1.45%	1.45%	2.90%
联邦失业保险（UI）	7000 美元	0.60%	0.00%	0.60%

资料来源：美国税收政策中心网站，https://www.taxpolicycenter.org/briefing－book/what－are－major－federal－payroll－taxes－and－how－much－money－do－they－raise。

2. 退休保险税（公共部门雇员退休保险）

美国联邦、州和地方预算中的退休保险金是公共部门工作人员的保险金收入。2017 财年美国联邦、州和地方公共部门的退休保险金收入分别为 42 亿美元、4683 亿美元和 886 亿美元，合计 5611 亿美元。

1986 年 6 月，美国通过了新的适用于美国公共部门雇员的《联邦雇员退休制度》（Federal Employees Retirement System，简称 FERS），替代《公务员退休制度》（Civil Service Retirement System，简称 CSRS）（1920）[①]，以使联

① 采取"老人老办法"，1984 年 1 月 1 日之前的仍适用《公务员退休制度》（CSRS）。

邦退休保障与私人部门大致一致。该制度由强制参与的社会养老保险（Social Security）、固定收益的联邦雇员退休年金（FERS annuity，Basic benefit plan）和固定缴费的节俭储蓄计划（Thrift Savings Plan，简称 TSP）三部分组成，三个养老计划都有各自的筹资方式。

50 个州都有对其雇员的至少一个退休保险制度。例如，加利福尼亚州公共部门养老保障制度是以加州公共雇员退休金（California Public Employees' Retirement System，简称 CalPERS）为核心，覆盖加州州政府雇员、学校雇员、地方公共部门工作人员三大人群。加州公共雇员退休基金（CalPERS）的运作管理由州宪法、法律和法规规范，它是全美最大的公共养老基金，截至 2018 年总资产达 3600 亿美元，其投资行为和业绩引人瞩目，被视为“公认的全球投资行业的领导者”“美国最强大的控股主体之一”。加州公共雇员退休金的资金来源主要有雇员缴费、雇主缴费和投资收益：雇员缴费按雇员工薪的一定比例依法缴纳，缴费比例因个人类别和福利类型不同而不同；对于雇主缴费，学校和其他公共机构平均按照工资的 12.7% 为其雇员缴费，同时雇主的缴费也是变化的，当投资回报高时，雇主缴费率下降，反之则上升。伊利诺伊州公共雇员退休制度包括 5 个体系：州雇员退休制度（SERS）、教师退休制度（TRS）、州立大学退休制度（SURS）、法官退休制度（JRS）和议会退休制度（GARS）。雇员缴费、雇主缴费和投资收益是各公共雇员退休金的主要资金来源，5 项退休基金的参加者应分别以年工薪收入的 8%、9.4%、4%、11.5% 和 11% 缴费。

3. 失业保险税

美国建立的失业保险基金是联邦和州政府共同参与的一个社会保险项目，作为一个联邦和州的联合项目，不同州的失业保险补助和失业保险税差异很大。雇主向联邦和州同时缴纳失业保险税（Unemployment Insurance tax）为失业保险基金提供资金，根据雇主裁员历史（经验评估）不同雇主的税率不同。

目前，联邦失业保险税税率为 6%，税基为每个受保雇员年应税工资中最初的 7000 美元。如果州失业保险税符合联邦法的基本要求，对于该州已缴纳了州失业保险税的雇主，可以准予抵扣联邦税率的 90%，这样联邦政府的净税率为 0.6%（见表 8－7）。联邦失业保险税用以支持失业保险项目的管理费，在高失业率时期支付一半的延长期失业保险，必要时借给州政府用以支付州失业保险，州应为借款支付利息。

各州对雇主征收失业保险税形成州失业保险基金，主要用于支付失业保险金及紧急状态下延长期的另一半失业保险金。各州法律可自主决定本州失业保险税的税率，各州的税率和税基大都不同，基本上所有州的应税工资基数（taxable wages base）或税基都在联邦政府税基 7000 美元以上。例如，2018 年亚利桑那州的应税工资基数最低为 7000 美元，在公历年度内这些州的雇主应对每个雇员在限额内计算并缴纳州失业保险税；2019 年亚利桑那州失业保险税税率为 0.05%—6.38%，新雇主税率为 2%①。另外，大多数州还在州法律中设置了本州应税工资基数的自动调整机制。还有一些州建立了弹性税基，基于以前年份的工资按一定方法对计税工资进行自动调整，如伊利诺伊州、密苏里州、内华达州、新墨西哥州等 23 个州。州失业保险税税率（最高税率和最低税率）的高低依赖于州失业保险基金的平衡状况和州法律规定的其他因素。在大多数州，失业保险基金平衡度低时税率就高，失业保险基金平衡度越高其税率就越低。

美国联邦国税局和州政府税务局分别负责征收联邦失业保险税和州失业保险税。根据《联邦保险税法》（Federal Unemployment Tax Act）的规定，各州征收的失业保险税要统一上缴联邦财政部设立的各州的失业保险税专户，当各州需要支付失业保险金时，由劳工部通知财政部统一拨付使用。

（五）个人所得税

美国联邦、州和一些地方政府分别对个人收入征收个人所得税。目前，美国联邦个人所得税采用 7 级超额累进税率（见表 8-8），国内收入局（IRS）根据情况对税率适用区间进行通货膨胀调整；联邦个人所得税实行综合课征模式②，根据纳税人及其申报方式的不同，采用不同的扣除方式和标

① https：//www. patriotsoftware. com/payroll/services/states/arizona/.

② 美国的综合课征模式下，雇员的联邦个人所得税可以在雇主支付工资时代扣，也可以每个季度末由纳税人自己向税务机关申报纳税；对于自雇纳税人或者支付方没有代扣税款的，纳税人必须每年向国内收入局（IRS）分四次申报纳税。

准进行费用扣除，核算应税所得税，最后根据对应的税率计算应纳税额，计算比较复杂。

表 8－8　　2020 税收年度美国联邦个人所得税税率表　　单位：美元

边际税率（%）	单身应税收入	已婚联合申报	已婚分别申报应税收入	户主申报应税收入
10	0—9875	0—19750	0—9875	0—14100
12	9876—40125	19751—80250	9876—40125	14101—53700
22	40126—85525	80251—171050	40126—85525	53701—85500
24	85526—163300	171051—326600	85526—163300	85501—163300
32	163301—207350	326601—414700	163301—207350	163301—207350
35	207351—518400	414701—622050	207351—518400	207351—518400
37	518401 +	622051 +	518401 +	518401 +

资料来源：美国国内收入局（Internal Revenue Service，IRS）。

美国大多数州都有州个人所得税，在联邦制下，州政府有较大的税收自主权，不同州个人所得税差异较大。2020 年，阿拉斯加州、佛罗里达州、内华达州、南达科他州、得克萨斯州、华盛顿州与怀俄明州等 7 个州不征收个人所得税，新罕布什尔州和田纳西州只对个人的股息和利息收入征税，税率分别为 5% 和 1%。另外，科罗拉多州（4.63%）、伊利诺伊州（4.95%）、印第安纳州（3.23%）、肯塔基州（5%）、马萨诸塞州（5%）、密歇根州（4.25%）、犹他州（4.95%）、北卡罗来纳州（5.25%）、宾夕法尼亚州（3.07%）等 9 个州的个人所得税实行单一税率；其余的 34 个州和华盛顿哥伦比亚特区采用综合课税方式，实行不同的累进税率，如夏威夷州实行 1.4%—11% 的 12 级累进税率，加利福尼亚州实行 1%—13.1% 的 11 级累进税率，堪萨斯州则采用 3.1%、5.25% 和 5.7% 的 3 级累进税率，实施累进税制及综合课征模式的州个人所得税其费用扣除方式、计征方法与联邦个人所得税类似①。

大多数美国的城市和县地方政府都没有征收地方个人所得税，2019 年只

① 参见美国税收基金会网站，https://taxfoundation.org/state-individual-income-tax-rates-and-brackets-for-2020/。

有 17 个州[①]中的 4964 个地方行政单位征收了地方个人所得税，主要集中在“锈带”州（Rust Belt states），特别是俄亥俄州和宾夕法尼亚州。根据州的不同，地方个人所得税可以由县、市、学区或特别行政区征收，大部分是由市和学区征收。

美国地方个人所得税以多种形式在地方出现，如工资税（Wage Taxes）、所得税（Income Taxes）、工薪税（Payroll Taxes）、地方服务税（Local Services Taxes）、职业税（Occupational Privilege Taxes）等。一般情况下，地方个人所得税由个人负担，雇主代扣代缴。有些地方个人所得税按个人工资或薪金的一定比例征收，有些地方以个人缴纳的联邦或州个人所得税的一定比例征收，还有的地方按一定时期对个人征收定额地方个人所得税。大多数地方所得税税率为工薪收入的 1%—3%，对于非居民采用较居民相对较低的税率。

（六）公司所得税

美国联邦、大多数州和一些地方政府都征收公司所得税。2017 年税改之前联邦公司所得税实行最高税率为 35% 的超额累进税率，2018 年开始实施 21% 的统一比例税率。由于在计算联邦公司所得税时，州和地方公司所得税属于可扣除费用项目，因此各州的企业所得税有效税率（Effective Tax Rate）并不是将联邦、州和地方的公司所得税税率简单相加。

美国绝大部分州和华盛顿哥伦比亚特区征收州公司所得税；内华达州、南达科他州、华盛顿州、怀俄明州 4 个州不征收州所得税；得克萨斯州对公司征收营业特许税（Franchise Tax），也称利润税（Margin Tax）；俄亥俄州对一般公司征收商业活动税（Commercial Activity Tax，简称 CAT），对银行征收营业特许税（Franchise Tax）。州征收的公司所得税在州直接收入中占的比例比较低，2017 财年州公司所得税为 446 亿美元，占州直接财政收入的 2.36%。2020 年，在征收州公司所得税的州中，阿拉斯加州、

① 这 17 个州是俄亥俄州、宾夕法尼亚州、印第安纳州、纽约州、马里兰州、纽约州、肯塔基州、阿拉巴马州、加利福尼亚州、科罗拉多州、特拉华州、爱荷华州、堪萨斯州、密歇根州、密苏里州、新泽西州、俄勒冈州。

阿肯色州、夏威夷州、爱荷华州、路易斯安那州、缅因州、密西西比州、内布拉斯加州、新墨西哥州、北达科他州、俄勒冈州、福蒙特州等12个州采用2级到10级不等的累进税率制。其中，阿拉斯加州税率级次多达10级，最高边际税率为9.4%；爱荷华州的边际税率高达12%（6%—12%4级税率），内布拉斯加州、新墨西哥州、俄勒冈州的税率级次为2级。亚拉巴马州、蒙大拿州、肯塔基州等33个州和华盛顿哥伦比亚特区的公司所得税采用的是单一税率制[①]。在征收公司所得税的州，金融企业和金融机构的税制大多是一致的，有一些州对金融机构采用了比非金融企业高的税率，如加利福尼亚州、夏威夷州、印第安纳州、马萨诸塞州、马萨诸塞州、南达科他州[②]等，而爱荷华州、堪萨斯州、缅因州等州金融机构的税率低于一般的公司所得税税率。

在州所得税征收中，跨州企业经营所得在州际的分配基本都采用公式法。对于一般生产制造业，多数州采用《出于税收目的的所得统一划分法案》（Uniform Division of Income Tax Purposes Act，UDITPA）的大部分做法，如：加利福尼亚州、科罗拉多州、伊利诺伊州、新墨西哥州、密苏里州等以销售收入为依据在州际分配所得；阿拉斯加州、夏威夷州、堪萨斯州、蒙大拿州、北达科他州等按销售收入、资产和工资三因素以相等权重计算分配；亚拉巴马州、西弗吉尼亚州、阿肯色州、爱达荷州等按销售收入、资产和工资三因素并使销售收入的权重是另外两因素的二倍进行分配。对于一些不能准确分摊经营活动的企业，采用特殊的公式分配法。

四、总结与启示

美国是世界上最大的发达国家，纵观其政府间事权和支出安排、政府间财政收入结构，州和地方政府事权和支出、州和地方政府的税收等，其制度

① 参见美国税收政策中心网站，https：//www. taxpolicycenter. org/statistics/state - corporate - income - tax - rates。

② 南达科他州对金融企业征收州所得税，但对非金融企业不征收州企业所得税。

实践有很多做法和经验值得我们关注。美国的政府间财政关系、地方政府支出责任和地方税建设实践对我国的政府间财政事权及支出责任划分和地方税体系构建具有一定的启示作用。

(一) 中央政府财政收入占比较高且中央政府直接承担大量公共服务供给及支出责任，地方财政收入占比小于中央，地方财政支出占比大于中央

在联邦、州和地方三级政府中，联邦直接财政收入约占总收入的一半，州和地方政府收入合计占总收入的近一半。2017 年联邦、州和地方政府直接财政收入分别占总收入的 50.67%、28.91% 和 20.41%，同年，联邦、州和地方政府的财政支出分别占总支出的 47.50%、25.32% 和 27.19%，联邦和州财政收入比重略高于其财政支出占比的财政收入份额，可以使联邦和州在履行本级政府事权和支出责任的同时，对下级政府进行转移支付以实现公共服务均等化和其他特定政策目标①。一方面，联邦财政收入比重略高于其财政支出占比，财政收入相对于财政支出的适当集中，使联邦政府通过转移支付来促进公共服务的相对均等化供给和特定公共政策的实施；另一方面，联邦政府在国防、养老、医疗、社会福利等方面承担着重要的事权和支出责任，联邦政府财政收支占比相对较高，也是与这一事权和支出责任划分相一致的。从美国财政史看，联邦政府的收支占比总体是逐步上升的，而公共服务提供的规模经济特性、公共品的外部效应、公共服务提供相关技术和条件的改进（如交通条件、信息技术等）等使得联邦政府具备提供越来越多公共服务、承担更多事权和支出责任的客观必要和现实可能。换言之，联邦政府财政收支比重的上升，是与政府扩展的事权和公共服务及其特征属性、技术和条件的进步相一致的。联邦政府财政收支占比相对较高，促进了公共服务的有效供给，还在很大程度上保障了州和地方具有很强自主和独立性的联邦

① 联邦政府有大量的养老保险、医疗保险和利息支出，这些支出都属于法定支出（mandatory spending）。除去这些支出项目，2017 财年联邦政府支出在政府直接支出中占比仍达到 36%，州和地方政府直接支出占比为 66%，其中州政府直接支出占比为 21%，地方政府直接支出占比为 43%。

制下的全国稳定统一。

就我国而言，2018 年，全国一般预算收入中，中央一般预算收入与地方一般预算收入占一般预算总收入的比例分别为 46.6% 和 53.4%，中央一般预算支出与地方一般预算支出占一般预算总支出的比例分别为 14.8% 和 85.2%。从支出来看，中央财政支出比重过低，一些本属于中央应该承担的事权和公共服务支出责任反而由地方政府承担。这不仅降低了公共服务提供的效率（如生产规模效应不能发挥，外溢性公共服务供给不足），也加剧了地区间基本公共服务非均等，阻碍了资源在地区间的自由流动和全国统一市场的建立，中央政府应有的经济社会调节和监管作用没有充分发挥。相对支出而言，中央财政收入相对较高，但相对美国来看并不高，从事权和支出责任调整、全国性公共服务回归中央、中央政府的政府责任归位，以及加强中央的宏观调控和协调发展能力来看，在现有的中央与地方财力分配格局基础上，中央财政收入和税收收入占比还可以适度上升。

（二）中央政府负责重要的全国性公共服务，地方政府负责地方性公共服务

公共服务按受益范围分为全国性公共服务、跨区域公共服务和地方性公共服务。根据公共服务的受益范围、公共服务生产效率原则和基本公共服务均等化的公平供给要求，在政府间进行公共服务事权划分是政府间事权划分的重要思路。遵循这样的思路，联邦政府承担着相对比较大的事权和支出责任，在国防、养老、医疗、社会福利、公共管理事务、公共安全、交通运输、农林牧渔、生态保护、社区发展、基础研究、经济事务等方面需要大量的支出；州政府的主要事权和支出责任主要有医疗卫生、高等教育、养老、公共福利事业、高速公路、公共安全、州公共行政事务等。地方政府主要承担受益范围和需求具有地方性的公共服务，如基础教育、消防、治安、道路和公交、医疗、家庭和小孩服务、废物管理、娱乐和体育、供水等。

在我国，政府间事权和支出责任划分不尽合理，比如：社会保险作为重要的全国性公共服务，主要由省以下政府负责，甚至地方政府还承担部分国防事务和支出，高等教育具有很强的全国性公共服务特征，但中央政府承担

责任明显不够；省以下政府事权关系不明确，事权和支出总体层层下移，中央和省级政府事权和支出责任不够，事权和支出责任的错配和不规范，造成公共服务供给不足和过度并存、财政支出效率低、地区间公共服务差异大，政府的公共责任没能有效履行，降低了社会福利水平和社会满意度。因此，应基于公共服务的特征属性、信息和技术约束、激励相容、基本公共服务均等化等原则，并借鉴包括美国在内的国外经验，规范和明确政府间事权和支出责任，将国防、基本社会保险、全国性公共设施等全国性公共服务确定为中央事权和支出责任，中央政府承担更多的高等教育支出责任；特殊教育、职业教育和普通中等教育、省域公共基础设施、医疗卫生等事权和支出责任更多由省级政府承担，市县政府更多承担初等教育、幼儿教育、市政建设、警察、社会救助、消防等地方性公共服务。

（三）建立包括地方税、共享税的地方税收收入体系

美国联邦政府税收以个人所得税、公司所得税和社会保障税为主，辅之以少量从价税（消费税、交通和车辆税等）等；州政府税收以销售税、个人所得税、社会保障税为主，辅之以少量的公司所得税、消费税、交通和车辆税等；地方政府以财产税为主，辅之以销售税、社会保障税和个人所得税等。与联邦、州和地方三级架构的联邦制相适应，美国建立了分级立法、划分税种、税源共享的税收分权模式。

我国是地区发展不均衡的单一制国家，同时政府层级多、税种相对有限、地区间税源税基分布很不均衡；与此相适应，立法集中、税种划分和税收共享是相对可行的税收分权模式。立法权主要集中于中央、地方具有一定范围内的税收调整自主权；划分税种，中央和地方有各自专属税种（中央税、地方税），同时收入分成的共享税应为不同层级政府税收收入的主要来源。在合理确定地方税收在地方政府收入中的地位的情况下，基于税种属性、税收划分的激励效应、税收能力、税收征管及改革变动的税制等，以法治的方式，科学合理地进行税收分权和设置地方税、共享税及其分成方式。考虑将增值税划为中央税，消费税在消费环节征收并扩大征收范围、划为地方税，构建包括“消费税＋房地产税”两大地方主体税种、“企业所得税＋

个人所得税”两大共享税，以及其他多个小税种的地方税收体系。

（四）除税收外，重视转移支付和地方债等地方收入源建设

在美国州和地方政府的收入中，税收收入是主体，除税收外，收费、商业及其他收入、债务和转移支付收入等都是地方的重要收入来源。地方政府收入中税收收入占比高，是地方政府财力稳定、收入规范的体现；但是地方税收收入是地方政府收入的主体，不是全部，转移支付、债务收入、收费等其他收入都是地方政府事权和支出责任实现的重要收入来源。在现行财政体制下，我国地方政府收入也是多样化的，主要包括税收、转移支付、非税收入、基金收入和债务收入等。在一个以经济社会政治统一、社会公平稳定为价值追求，地区经济社会发展不平衡的国家，地方事权和支出责任不可能完全依靠地方税收收入支撑。应保障中央在税收分配中占据优势，以发挥中央对经济社会的调节和管理作用，同时，建立科学规范的转移支付制度、地方政府债制度，形成包括税收、转移支付、地方债等稳定可持续的地方政府收入结构。就转移支付而言，提高一般性转移支付比例、降低专项转移支付比例是当前转移支付制度研究和改革的主流思想；但需要注意的是，转移支付规模的确定以及一般性转移支付与专项转移支付的搭配，应该是基于中央与地方事权和支出责任的总体划分、各项具体事权及支出责任的划分、财力和税收的分配等，进行科学合理的设计。

参考文献

[1] 安瓦·沙．工业国家的地方治理［M］．周映华，张建林，译，北京：清华大学出版社，2010.

[2] 安体富，王海勇．税权、税权划分及其理论依据［J］．经济研究参考，2007（55）：2，55.

[3] 白彦锋．房产税未来能成为我国地方财政收入的可靠来源吗［J］．经济理论与经济管理，2012，32（5）：57－64.

[4] 白彦锋，胡涵．增值税“扩围”改革后中央与地方收入分享比例问题研究［J］．税务研究，2012（1）：38－41.

[5] 陈强．计量经济学及Stata应用［M］．高等教育出版社，2015：468－475.

[6] 陈志勇，陈莉莉．“土地财政”：缘由与出路［J］．财政研究，2010（1）：29－34.

[7] 陈淼，姚凤民．分整时间序列视角下我国财政可持续性的再讨论［J］．统计与决策，2016（2）：154－158.

[8] 陈力朋，刘华，徐建斌．税收感知度、税收负担与居民政府规模偏好［J］．财政研究，2017（3）：97－110.

[9] 崔惠玉，郭曼曼，周伟．中国城市房地产税的定位及改革研究［J］．财经问题研究，2017（1）：77－83.

[10] 付伯颖．个人所得税收入归属模式探究［J］．东北财经大学学报，2014（4）：17－21.

[11] 付文林，赵永辉．财政转移支付与地方征税行为［J］．财政研究，2016（6）：16－27.

[12] 范子英，张军．财政分权、转移支付与国内市场整合［J］．经济研

究，2010（3）：53－64.

［13］高培勇，汪德华．“十三五”时期的财税改革与发展［J］．金融论坛，2016（1）：16－31.

［14］高培勇．论完善税收制度的新阶段［J］．经济研究，2015（2）：4－15.

［15］高阳，李平．部分 OECD 国家消费税的特征及借鉴［J］．国际税收，2015（5）：18－24.

［16］谷成．分税制框架下的地方税体系构建［J］．税务研究，2014（10）：16－20.

［17］国家税务总局税收科学研究所课题组．消费税征收环节及收入归属的国际比较研究与借鉴［J］．国际税收，2015（5）：6－10.

［18］国务院发展研究中心“制度创新与区域协调研究”课题组．税收与税源背离的情况及其对区域协调发展的不利影响［J］．发展研究，2011（1）：58－65.

［19］郭庆旺，吕冰洋．中国分税制：问题与改革［M］．中国人民大学出版社，2014：111－116.

［20］郭庆旺，吕冰洋．地方税系建设论纲：兼论零售税的开征［J］．税务研究，2013（11）：9－14.

［21］郭杰，李涛．中国地方政府间税收竞争研究：基于中国省级面板数据的经验证据［J］．管理世界，2009（11）.

［22］甘家武．税收与税源背离对区域协调的影响研究［J］．首都经济贸易大学学报，2012（3）：24－28.

［23］龚振中，孙文峰．基于消费地原则的增值税课征模式比较及选择［J］．税务研究，2017（7）：25－30.

［24］何建堂，徐惠琳．关于增值税中央和地方分配体制的思考和建议［J］．国际税收，2015（6）：57－59.

［25］胡祖铨，黄夏岚，刘怡．中央对地方转移支付与地方征税努力：来自中国财政实践的证据［J］．经济学：季刊，2013，12（2）：799－822.

［26］胡祖铨．地方政府公共财政可持续性研究［J］．财经界，2013（31）：36－39.

[27] 韩霖，周咏雪．欧盟消费税制共性、特点及对中国的几点启示[J]．国际税收，2015 (5)：12－17.

[28] 胡洪曙．构建以财产税为主体的地方税体系研究 [J]．当代财经，2011 (2)：27－35.

[29] 贾康，梁季．我国地方税体系的现实选择：一个总体架构 [J]．改革，2014 (7)：57－65.

[30] 贾康，阎坤，鄢晓发．总部经济、地区间税收竞争与税收转移[J]．税务研究，2007 (2)：12－17.

[31] 靳万军．关于区域税收与税源背离问题的初步思考 [J]．税务研究，2007 (1)：26－32.

[32] 靳万军．区域税收分配简论 [J]．税务研究，2012 (2)：27－32.

[33] 姜爱华．关于我国地方税主体税种选择的思考 [J]．中央财经大学学报，2002 (10)：14－17.

[34] 蒋云赟，钟媛媛．消费税收入归属对地方财政收入均衡性的影响[J]．税务研究，2018 (7)：35－41.

[35] 贾俊雪，高立，秦聪．政府间财政转移支付、激励效应与地方税收收入体系 [J]．经济理论与经济管理，2012 (6)：56－63.

[36] 柯善咨，尹靖华．民生目标下政府的支出竞争和福利效应 [J]．统计研究，2016，33 (7).

[37] 拉本德拉·贾．现代公共经济学 [M]．杨志勇等，译．北京：清华大学出版社，2017：451.

[38] 理查德·博德．税收与分权 [J]．公共经济与政策研究，2015 (2).

[39] 赖明勇，肖皓，陈雯，祝树金．不同环节燃油税征收的动态一般均衡分析与政策选择 [J]．世界经济，2008 (11)：65－76.

[40] 雷根强，陈鑫．公司所得税地区间分配的经验与启示：以美国跨州经营公司为例 [J]．财政研究，2010 (6)：75－79.

[41] 李齐云，刘小勇．分税制、转移支付与地区财政差距研究 [J]．财贸经济，2009 (12)：69－76.

[42] 李香菊，赵娜．我国企业所得税税收努力程度及其影响因素的实

证研究：基于随机前沿分析方法（SFA）[J]. 审计与经济研究，2017，32（2）：98－107.

[43] 李国锋，刘黎明. 个税起征点改革对纳税能力的影响：基于居民收入分布的估算 [J]. 数量经济技术经济研究，2015（8）：25－40.

[44] 李文. 我国房地产税收入数量测算及其充当地方税主体税种的可行性分析 [J]. 财贸经济，2014，35（9）：14－25.

[45] 李文，刘晓晨. "营改增"后航空运输企业税负变化分析：以S航空公司为例 [J]. 税务与经济，2014（2）：89－96.

[46] 李晶，赵余，张美美，等. 营改增后中国地方税体系重构 [J]. 宏观经济研究，2016（4）：3－11.

[47] 李建军. 税收背离与地区间财力差异 [J]. 经济评论，2013（4）：108－115，134.

[48] 李建军，张伟，蒋海英. 论市场对资源配置起决定性作用中的税收作用 [J]. 税务研究，2018（7）：22－27.

[49] 李建军. 现代财政制度下的税收职能探析 [J]. 税务研究，2016，（1）：26－31.

[50] 李建军，苏明萃. 现代财政制度下的税收特征：税收"三性"释义 [J]. 税务研究，2015（2）：28－31.

[51] 李建军. 外国地方政府支出责任与地方税：实践与启示 [M]. 成都：西南财经大学出版社，2017.

[52] 李青，吴珊. 增值税央地分享：中国现状、国际比较及政策启示 [J]. 国家行政学院学报，2017（3）：119－123.

[53] 李万甫，韩庆玲. 地方税制改革发展问题研究 [J]. 税务研究，2006（11）：38－42.

[54] 李永友，沈玉平. 财政收入垂直分配关系及其均衡增长效应 [J]. 中国社会科学，2010（6）：108－124.

[55] 林颖，欧阳升. 零售消费税：我国现行地方主体税种的理性选择 [J]. 税务研究，2014（12）：51－54.

[56] 梁俊娇. 有关我国地方政府间税收收入划分问题的思考 [J]. 中央财经大学学报，2012（10）：1－5.

[57] 廖红伟，范荣．分税制与地方财政赤字：基于东部地区面板数据的模型检验 [J]．社会科学研究，2014 (4)：14-20.

[58] 刘明慧．政府间税收权限划分的分析 [J]．财政研究，2001 (10)：61-64.

[59] 刘蓉，黄洪．我国地方政府债务风险的度量、评估与释放 [J]．经济理论与经济管理，2012 (1)：82-88.

[60] 刘蓉，张巍，陈凌霜．房地产税非减（豁）免比率的估计与潜在税收收入能力的测算：基于中国家庭金融调查数据 [J]．财贸经济，2015，36 (1)：54-64.

[61] 刘玉池，王卫，李立群．税收在地区间的转移 [J]．税务，1996 (11)：10-11.

[62] 刘金山，王倩．中国区域税收转移的统计分析 [J]．统计与信息论坛，2009 (10)：31-36.

[63] 刘怡，刘维刚．税收分享对地方征税努力的影响：基于全国县级面板数据的研究 [J]．财政研究，2015 (3)：30-36.

[64] 刘怡，张宁川．消费地原则与增值税收入地区间横向分享 [J]．税务研究，2016 (12)：8-14.

[65] 刘畅，马光荣．财政转移支付会产生"粘蝇纸效应"吗?：来自断点回归的新证据 [J]．经济学报，2015 (1)：25-46.

[66] 刘明慧．政府间税收权限划分的分析 [J]．财政研究，2001 (10)：61-64.

[67] 刘尚希．地方税改革关乎国家治理 [J]．经济体制改革，2015 (1)：13-14.

[68] 刘穷志，卢盛峰，陈思霞．税权分配与税收征管效率：基于中国省际面板数据的实证分析 [J]．经济评论，2009 (5)：60-67.

[69] 刘元生，李建军．论推动国家治理现代化的税收职能作用 [J]．税务研究，2019 (4)：14-18.

[70] 卢洪友，刘丹．贫困地区农民真的从"新农合"中受益了吗 [J]．中国人口·资源与环境，2016 (2)：68-75.

[71] 卢洪友，陈思霞．谁从增加的财政转移支付中受益：基于中国县

级数据的实证分析［J］．财贸经济，2012（4）：24－32．

［72］卢洪友，袁光平，陈思霞，等．土地财政根源："竞争冲动"还是"无奈之举"?：来自中国地市的经验证据［J］．经济社会体制比较，2011（1）：88－98．

［73］［德］罗伯特·黑勒．赵阳，译．德国公共预算管理［M］．北京：中国政法大学出版社，2013．

［74］吕冰洋，郭庆旺．中国税收高速增长的源泉：税收能力和税收努力框架下的解释［J］．中国社会科学，2011（2）：76－90．

［75］吕冰洋，马光荣，毛捷．分税与税率：从政府到企业［J］．经济研究，2016（7）：13－28．

［76］吕冰洋，蔡红英，崔茂权．实现消费地原则的增值税改革：政府间财政关系的破解之策［J］．中央财经大学学报，2015（6）：3－9．

［77］楼继伟．深化财税体制改革［M］．北京：人民出版社，2015．

［78］楼继伟．财政支出刚性增长压力大　不改革就不可持续［OL］．中国新闻网，2014（12）．

［79］楼继伟．中国政府间财政关系再思考［M］．北京：中国财政经济出版社，2013．

［80］马海涛，李升．对分税制改革的再认识［J］．税务研究，2014（1）：13－20．

［81］马海涛，李升，冯鸿雁．分税制财政体制改革的反思与展望［J］．地方财政研究，2013（10）：9－16．

［82］乔宝云，王道树．中国税收收入区域差异的实证分析［J］．国际税收，2004（12）：21－24．

［83］乔宝云，范剑勇，彭骥鸣．政府间转移支付与地方财政努力［J］．管理世界，2006（3）：50－56．

［84］任强．房产税：美国实践及借鉴［J］．财政研究，2015（1）：53－57．

［85］孙开，孙璐．论分税制中的税权划分［J］．税务研究，1994（11）：6－9．

［86］乔纳森·格鲁伯．财政学［M］．北京：机械工业出版社，2015．

[87] 斯莱姆罗德，吉里泽尔．税制分析 [M]．李建军，岳媛媛，刘元生译．上海：上海人民出版社，格致出版社，2019.

[88] 苏国灿，童锦治，黄克珑．我国消费税税率与征税环节的改革及其福利效应分析：以烟、酒和成品油为例 [J]．财政研究，2016 (9)：19－29.

[89] 汤贡亮，何杨，李俊英．借鉴 OECD 成员国经验 完善我国地方税税权划分 [J]．国际税收，2012 (1)：12－17.

[90] 唐祥来，孔娇娇．地方财政可持续性实证检验：江苏 1995—2010 [J]．经济与管理评论，2014，30 (1)：72－77.

[91] 谭荣华，梁季．我国增值税收入能力的估测 [J]．国际税收，2005 (1)：8－14.

[92] 王德祥，张磊，龚旻．财政分权的地方财政稳固效应 [J]．经济与管理研究，2015，36 (9)：10－18.

[93] 王德祥．现代外国财政制度 [M]．武汉大学出版社，2016：271－307.

[94] 王德祥，雷蕾．我国中等城市财政运行的可持续分析：基于 106 个地级市 2003—2013 年的数据 [J]．财经论丛，2016 (11)：29－36.

[95] 王蓓，计金标．政府间横向税收分配的理论基础：内涵与原则 [J]．经济体制改革，2013 (6)：122－126.

[96] 王金秀．"营改增"后地方财税体系重构的设想 [J]．税务研究，2014 (4)：23－27.

[97] 王倩，刘金山．我国区域税收转移的成因与影响 [J]．未来与发展，2009 (5)：49－52.

[98] 王道树．企业所得税收入归属机制研究 [J]．财贸经济，2007 (4)：10－18.

[99] 王乔，席卫群，张东升．对我国地方税体系模式和建构的思考 [J]．税务研究，2016 (8)：3－8.

[100] 吴俊培．关于建立地方税体系的问题 [J]．国际税收，2000 (9)：1.

[101] 夏磊．房地产税能否替代土地出让收入？[EB/OL]．http：//

fund. eastmoney. com/a/201903121066233171. html, 2019 - 03 - 12.

[102] 谢贞发，范子英．中国式分税制、中央税收征管权集中与税收竞争［J］．经济研究，2015（4）：92 - 106．

[103] 谢贞发，李梦佳．我国地区间增值税负担与收入归属不对称问题研究：基于生产地原则和消费地原则的比较分析［J］．税务研究，2012（2）：33 - 37.

[104] 邢树东，陈丽丽．增值税“扩围”改革后中央与地方分享比例问题研究［J］．地方财政研究，2013（5）：13 - 16.

[105] 杨卫华，严敏悦．应选择企业所得税为地方税主体税种［J］．税务研究，2015（2）：42 - 50.

[106] 杨志安，郭矜．完善地方税体系培育地方性主体税种［J］．税务研究，2014（4）：8 - 13.

[107] 杨宇，沈坤荣．中国财政可持续性与政府最优融资策略：基于1978 ~2009 年数据的实证分析［J］．制度经济学研究，2011（1）．

[108] 杨志勇．中国地方税系的构建与完善问题探讨［J］．涉外税务，2013（6）：14 - 18.

[109] 杨得前．我国2000 - 2012 年增值税收入能力及税收努力测算与评估［J］．税务研究，2015（9）：86 - 92.

[110] 杨帆，刘怡．重构增值税地区间分享制度［J］．税务研究，2014（8）：12 - 18.

[111] 尹音频，张莹．消费税能够担当地方税主体税种吗？［J］．税务研究，2014（5）：27 - 31.

[112] 岳树民，杨鹏展，徐从超．居民住房房地产税免税扣除方式的效应分析：基于中国家庭收入调查数据的微观模拟［J］．财贸经济，2019，40（1）：36 - 52.

[113] 张波．企业所得税收人划分：比较与启示［J］．财贸经济，2007（6）：81 - 84.

[114] 张伦伦，钟毅．基于政府间财力配置视角的资源税改革效应［J］．税务研究，2015（5）：39 - 44.

[115] 张学诞．基于共享税视角下我国消费税制度改革的思考［J］．国

际税收，2018，(11)：54－57.

［116］赵书博．我国税收收入分权改革问题研究［J］．税务研究，2016(8)：18－23.

［117］赵文哲，杨其静，周业安．不平等厌恶性、财政竞争和地方政府财政赤字膨胀关系研究［J］．管理世界，2010，(1)．

［118］赵珂一．地方财政可持续性实证检验：基于云南省2010—2014年数据［J］．价值工程，2015，34（35）：27－29.

［119］郑涵，汤贡亮．从消费税职能定位看营改增全面实施后的消费税改革［J］．税务研究，2017（1）：28－32.

［120］周茂荣，骆传朋．我国财政可持续性的实证研究：基于1952—2006年数据的时间序列分析［J］．数量经济技术经济研究，2007，24（11）：47－55.

［121］周黎安．中国地方官员的晋升锦标赛模式研究［J］．经济研究，2007（7）：36－50.

［122］周克清，项梓鸣．关于我国地方税系建设的若干思考［J］．税务研究，2013(11)：15－18.

［123］钟辉勇，陆铭．财政转移支付如何影响了地方政府债务？［J］．金融研究，2015（9）：1－16.

［124］朱军，聂群．跨期预算约束条件下中国财政可持续性研究［J］．中南财经政法大学学报，2014（5）：51－58.

［125］朱青．完善我国地方税体系的构想［J］．财贸经济，2014，35(5)：5－13.

［126］朱为群，唐善永，缑长艳．地方税的定位逻辑及其改革设想［J］．税务研究，2015（2）：51－56.

［127］Adams T S. International and Interstate Aspects of Double Taxation［C］//Proceedings of the Annual Conference on Taxation under the Auspices of the National Tax Association. National Tax Association，1929（22）：192－199.

［128］Afonso，A.，Fiscal Sustainability：the Unpleasant European Case［J］．Finanzarchiv，2005，61（1）：19－44.

［129］Afonso A，Rault C. Should We Care for Structural Breaks When Assessing Fiscal Sustainability? [J]. Ssrn Electronic Journal, 2008, 3 (63): 1-9.

[130] António Afonso, ChristopheRault. Multi - step analysis of public finances sustainability [J]. Economic Modelling, 2015 (48): 199-209.

[131] Auerbach A J, Gokhale J, Kotlikoff L J. Assessing the impact of income tax, social security tax, and health care spending on U. S. saving rates [J]. Economic Review, 1992: 13-21.

[132] Aigner D, Lovell C A K, Schmidt P. Formulation and estimation of stochastic frontier production function models [J]. Journal of econometrics, 1977, 6 (1): 21-37.

[133] Battese G E, Coelli T J. Frontier production functions, technical efficiency and panel data: With application to paddy farmers in India [M] // International Applications of Productivity and Efficiency Analysis. Springer Netherlands, 1992: 149-165.

[134] Battese G E, Coelli T. A model for technical inefficiency effects in a stochastic frontier production function for panel data [J]. Empirical Economics, 1995, 20 (2): 325-332.

[135] Bahl R, Martinez - Vazquez J. Sequencing Fiscal Decentralization [J]. Annals of Economics & Finance, 2013, 14 (2).

[136] Bahl R, Bird R. Subnational Taxes in Developing Countries: The Way Forward [J]. Public Budgeting & Finance, 2008, 28 (4): 1-25.

[137] Baharumshah A Z, Soon S V, Lau E. Fiscal sustainability in an emerging market economy: When does public debt turn bad? [J]. Journal of Policy Modeling, 2016, 39 (1): 99-113.

[138] Blöchliger H, Rabesona J. The Fiscal Autonomy of Sub - Central Governments: An Update [R]. OECD Publishing, 2009.

[139] Baskaran, Fiscal decentralization, ideology, and the size of the public sector [J], European Journal of Political Economy, 2011, 27 (3): 485-506.

[140] Baskaran T. On the link between fiscal decentralization and public debt in OECD countries. Public Choice, [J]. Public Choice, 2010, 145 (3-

4): 351 -378.

[141] Baskaran T. Tax decentralization and public deficits in OECD countries [J]. Publius - the Journal of Federalism, 2012, 42 (4): 688 -707.

[142] Baskaran, Fiscal decentralization, ideology, and the size of the public sector [J], European Journal Boadway R, Roberts S, Shah A. The reform of fiscal systems in developing and emerging market economies: a federalism perspective [R]. The World Bank, 1994.

[143] Brennan H G, Buchanan J M. The Power to Tax: Analytical Foundations of a Fiscal Constitution [M]. Cambridge: Cambridge University Press, 1980.

[144] Bird, R. M. Subnational Taxation in Developing Countries: A Review of the Literature [J]. Journal of International Commerce, Economics and Policy, 2011, 2 (1): 139 -161.

[145] Bird R M. Rethinking Subnational Taxes: A New Look at Tax Assignment [J]. Tax Notes International, 2000 (8): 2069 -2096.

[146] Bird R M, Gendron P P. Dual VATs and Cross - Border Trade: Two Problems, One Solution? [J]. International Tax & Public Finance, 1998, 5 (3): 429 -442.

[147] Bird R M, Gendron P P. CVAT, VIVAT, and Dual VAT: Vertical "Sharing" and Interstate Trade [J]. International Tax & Public Finance, 2000, 7 (6): 753 -761.

[148] Bird R M. Rethinking Subnational Taxes: A New Look at Tax Assignment [R]. IMF Working Papers, 2006.

[149] Buchanan J M. Federalism and Fiscal Equity [J]. American Economic Review, 1950, 40 (4): 583 -599.

[150] Bonnet C, Requillart V. Impact of Cost Shocks on Consumer Prices in Vertically - Related Markets: The Case of The French Soft Drink Market [J]. American Journal of Agricultural Economics, 2013, 95 (5): 1088 -1108.

[151] Charnes A, Cooper W W, Rhodes E. Measuring the efficiency of decision making units [J]. European journal of operational research, 1978, 2 (6):

429 -444.

[152] Chetty R. , Looney A. , Kroft K. Salience and Taxation: Theory and Evidence [J]. American Economic Review, 2009 (99): 1145 -1177.

[153] De Mello L R. Fiscal decentralization and intergovernmental fiscal relations: a cross - country analysis [J]. World development, 2000, 28 (2): 365 -380.

[154] Wildasin D E. Review of Tax Policy and Planning in Developing Countries [J]. Journal of Development Economics, 1997, 54 (1): 207 -215.

[155] Domar E D. The "Burden of the Debt" and the National Income [J]. American Economic Review, 1944, 34 (4): 798 -827.

[156] Dahlby, B. Taxing choices: issues in the assignment of taxes in federations [J]. International Social Science Journal, 2001, 53 (167): 93 -101.

[157] Farrell M J. The measurement of productive efficiency [J]. Journal of the Royal Statistical Society. Series A (General), 1957, 120 (3): 253 -290.

[158] Fornasari F, Webb S B, Zou H F. The macroeconomic impact of decentralized spending and deficits: International evidence [J]. Annals of Economics and Finance, 2000, 1 (2): 403 -433.

[159] Freitag M, Vatter A. Decentralization and fiscal discipline in sub - national governments: evidence from the Swiss federal system [J]. Publius: The Journal of Federalism, 2008, 38 (2): 272 -294.

[160] Gaffney M. The hidden taxable capacity of land: enough and to spare [J]. International Journal of Social Economics, 2009, 36 (4): 328 -411.

[161] Garg S, Goyal A, Pal R. Why Tax Effort Falls Short of Tax Capacity in Indian States: A Stochastic Frontier Approach [J]. Public Finance Review, 2017, 45 (2): 232 -259.

[162] Goldin J. , Homonoff T. Smoke Gets in Your Eyes: Cigarette Tax Salience and Regressivity [J]. American Economic Journal: Economic Policy, 2013 (5): 302 -336.

[163] Goldin J. Optimal tax salience [J]. Journal of Public Economics, 2015 (131): 115 -123.

[164] Hayek, F. A., The Use of Knowledge in Society [J]. American Economic Review, 1945, 35 (4): 519 -530.

[165] Hakkio C S, Rush M. Is the budget deficit "too large?" [J]. Economic inquiry, 1991, 29 (3): 429 -445.

[166] Hamilton J D, Flavin M A. On the Limitations of Government Borrowing: A Framework for Empirical Testing [J]. American Economic Review, 1986, 76 (4): 808 -819.

[167] Hy R J, Hopper R. Measuring revenue capacity and effort of county governments: A case study of Arkansas [J]. Public Administration Review, 1993, 53 (3): 220 -227.

[168] Im K S, Pesaran M H, Shin Y, et al. Testing for unit roots in heterogeneous panels [J]. Journal of Econometrics, 2003, 115 (1): 53 -74.

[169] Joweria M. Teera, Professor John Hudson. Tax performance: a comparative study [J]. Journal of International Development, 2004, 16 (6): 785 -802.

[170] Kimmel L H. Our Tax Burdens and Taxable Capacity [J]. Annals of the American Academy of Political & Social Science, 1949, 266 (1): 152 -160.

[171] Kruse I, Pradhan M, Sparrow R. Marginal benefit incidence of public health spending: evidence from Indonesian sub - national data [J]. Journal of Health Economics, 2012, 31 (1): 147 -157.

[172] King M A, Fullerton D. The Taxation of Income from Capital: A Comparative Study of the United States, the United Kingdom, Sweden, and Germany [M]. University of Chicago Press, 1984.

[173] Keen M, Smith S. Viva VIVAT! [J]. International Tax & Public Finance, 2000, 6 (2): 741 -751.

[174] Lanjouw P, Ravallion M. Benefit incidence, public spending reforms, and the timing of program capture [J]. The World Bank Economic Review, 1999, 13 (2): 257 -273.

[175] Levin A T, Lin C, Chu C J, et al. Unit root tests in panel data: asymptotic and finite - sample properties [J]. Journal of Econometrics, 2002, 108

(1): 1 -24.

[176] Legler J B. Tax Capacity and Effort in Georgia and the Southern States [J]. Georgia Government Review, 1972, 5 (1): 1 -4.

[177] Martinez - Vazquez J, Sepulveda C. Toward a More General Theory of Revenue Assignments [R]. Georgia State University, 2012.

[178] Martinez - Vazquez J. Tax assignments at the regional and local levels [C] // Ehtisham Ahmad and Giorgio Brosio. Handbook of Multilevel Finance, 2015: 358.

[179] McLure Jr C E. The inter - regional incidence of general regional taxes [J]. Public Finance = Finances publiques, 1969, 24 (3): 457 -85.

[180] McLure Jr C E. Assignment of corporate income taxes in a federal system [J]. Tax Assignment in Federal Countries, 1983: 101 -24.

[181] McLure, C. E. The tax assignment problem: Ends, means, and constraints [J]. Journal of Public Budgeting, Accounting & Financial Management, 1998, 9 (4): 652 -683.

[182] McLure, C. E. The Tax Assignment Problem: Ruminations on How Theory and Practice Depend on History [J]. National Tax Journal, 2001, 54 (2): 339 -364.

[183] McLure Jr C E. The tax assignment problem: Ends, means, and constraints [J]. Austl. Tax F., 1994 (11): 153 -183.

[184] Musgrave, R. A. Who should tax, where and what? [A] McLure, C. Tax Assignment in Federal Countries [C]. Canberra: Australian National University, 1983: 2 -19.

[185] Miao Z, Beghin J C, Jensen H H, et al. Taxing Sweets: Sweetener Input Tax or Final Consumption Tax? [J]. Contemporary Economic Policy, 2012, 30 (3): 344 -361.

[186] Neyapti B. Fiscal decentralization and deficits: International evidence [J]. European Journal of Political Economy, 2010, 26 (2): 155 -166.

[187] Oates W E. An Essay on Fiscal Federalism [J]. Journal of Economic Literature, 1999, 37 (3): 1120 -1149.

[188] Oates W E. The Effects of Property Taxes and Local Public Spending on Property Values: A Reply and Yet Further Results [J]. Journal of Political Economy, 1973, 81 (4): 1004 -1008.

[189] Oates W E. Fiscal decentralization and economic development [J]. National tax journal, 1993, 46 (2): 237 -243.

[190] Pedroni P. Fully modified OLS for heterogeneous cointegrated panels [J]. Advances in econometrics, 2000 (15): 93 -130.

[191] Pedroni P. Purchasing power parity tests in cointegrated panels [J]. Review of Economics and statistics, 2001, 83 (4): 727 -731.

[192] Porto A, Porto N. Fiscal decentralization and voters′choices as control [J]. Journal of Applied Economics, 2000, 3 (1): 135 -167.

[193] Purohit M C. Harmonizing Taxation of Interstate Trade Under A Sub - National VAT - Lessons from International Experience [J]. International VAT Monitor, 2002, 13 (3): 169 -179.

[194] Quintos C E. Sustainability of the deficit process with structural shifts [J]. Journal of Business & Economic Statistics, 1995, 13 (4): 409 -417.

[195] Rodden J. The dilemma of fiscal federalism: Grants and fiscal performance around the world [J]. American Journal of Political Science, 2002: 670 - 687.

[196] Shah A. The reform of intergovernmental fiscal relations in developing and emerging market economies [M]. Washington, DC: World Bank, 1994: 31 -32.

[197] Smart M. Taxation and Deadweight Loss in a System of Intergovernmental Transfers [J]. Canadian Journal of Economics, 1998, 31 (1): 189 - 206.

[198] Stein E. Fiscal Decentralization and Government Size in Latin America [J]. Journal of Applied Economics, 1998, 62 (1): 63 -69.

[199] Stamp J C. The Taxable - Capacity of Ireland [J]. The Economic Journal, 1921, 31 (123): 335 -348.

[200] Shirras G F. Taxable Capacity and the Burden of Taxation and Public

Debt [J] . Journal of the Royal Statistical Society , 1925, 88 (4): 513 -556.

[201] Tiebout C M. A Pure Theory of Local Expenditures [J]. Journal of Political Economy, 1956, 64 (5): 416.

[202] Goodspeed T J. Tax competition and tax structure in open federal economies: Evidence from OECD countries with implications for the European Union [J]. European Economic Review, 2002, 46 (2): 357 -374.

[203] Tsebelis, G. , Decisionmaking Inside the European Parliament [J]. Journal of Legislative Studies, 1995, 1 (1): 65 -93.

[204] Trehan B, Walsh C E. Testing intertemporal budget constraints: Theory and applications to US federal budget and current account deficits [J]. Journal of Money, Credit and banking, 1991, 23 (2): 206 -223.

[205] Teresa Ter - Minassian. Fiscal Federalism in Theory and Practice [R]. International Monetary Fund, 1997.

[206] Westerlund J. Estimating cointegrated panels with common factors and the forward rate unbiasedness hypothesis [J]. Journal of Financial Econometrics, 2007, 5 (3): 491 -522.